증거를 잡았다!

북한교과서 표절사건 추적

金光東 · 趙甲濟

조갑제닷컴

차 례

국가의 영혼을 훔치려 하는 계급史觀

계급투쟁에 봉사하는 교과서

조갑제닷컴은 2011년에 나온 6종의 고등학교 검인정 한국사 교과서를 분석, 《고등학교 한국사 교과서의 거짓과 왜곡 바로잡기》라는 책을 냈다. 표지엔 이승만, 박정희, 트루먼, 이병철, 정주영의 사진을 모아서 싣고 이런 설명을 달았다. "교과서가 헐뜯고 지우려 한 이 다섯 명의 아니었더라면 오늘의 대한민국은 없었다."

조갑제닷컴은 2014년부터 사용되는 8종의 고교 한국사 교과서도 분석, 《대한민국 교과서가 아니다》는 제목의 책을 냈다. 고등학교에서 사용되는 14종의 교과서를 모두 분석한 유일한 매체가 되었다. 이 두 분석서에서 제기하였던 문제들이 교과서 國定化(국정화) 논란에서 쟁점이 되고 있다.

두 차례 분석에서 확인한 핵심적인 사실은 교학사를 제외한 13종은 계급투쟁론에 기초한 소위 민중사관에 입각하여 記述(기술)되었고 이들 책이 교실을 완벽하게 장악하였다는 점이었다. 교과서는 계급투쟁에 봉사하는 도구로 전락, 전쟁 중인 나라에서 敵[북한정권]을 이롭게 하고 惡[공산주의]을 감싼다. 이승만, 국군, 미국은 이 교과서의 主敵(주적)이다. 김일성은 동정과 美化(미화)의 대상이며 자유민주주의는 무시나 비판의 대상이고, 공산주의와 주체사상은 교묘한 방법으로 선전된다.

좌편향 교과서 필자들은 날조, 변조, 은폐, 왜곡, 편향, 표절 등 非교육적 기술방법을 총동원, 교과서를 운동권의 선전물처럼 만들었다. 金光東(김광동) 박사가 말한 대로 한국사 교과서는, 역사서도, 교과서도 아닌 선동문건이다.

김일성의 약점을 덮을 수밖에 없는 이유

이들 교과서가 가장 주력하는 부분은 대한민국 건국의 정통성과 정당성을 부정하는 것이다. 이를 위하여는 김일성이 치명적 걸림돌이다. 소련군 대위 김성주가 스탈린에게 선택되어 소련군의 꼭두각시 역할을 충직하게 수행하면서 공산정권을 만들었다는 역사적 사실은, 남북한의 공산주의자들뿐 아니라 미군정 당국의 방해를 무릅쓰고 오로지 국민들의 지지를 조직화하여 대한민국을 자주적으로 세운 이승만의 존재와 결합될 때 필연적으로 북한정권을 민족사의 異端(이단)으로 斷罪(단죄)하게 만든다. 좌편향 교과서가 김일성의 약점을 덮고 이승만의 업적을 무시할 수밖에 없는 이유가 여기에 있다.

한국 현대사의 전개에 가장 부정적인 영향을 끼친 사건은 김일성이 소련군 대위 복장을 하고 북한에 나타나 소련군의 괴뢰로 복무하였다는 점이다. 이런 사실을, 한국의 좌편향 역사교과서는 철저히 숨겼다. 오히려 그의 항일운동을 과장하고, '연해주에서 항일유격대를 이끌었다'는 날조까지 하였다(김일성은 연해주에서 소련군 장교로 근무하였으므로 유격대를 지휘할 수도, 항일활동을 할 수도 없었다).

올레그 고르디에프스키(Oleg Gordievsky, 77세)는 서방세계가 포섭한 가장 고위직 소련 정보기관원이었다. KGB 요원이던 그는 1968년 소련군이 체코를 침공, 민주화 운동을 탄압하는 것을 본 뒤 실망하여 영국 정보기관에 협력하기 시작, 12년간 최고급 정보를 제공하였다. 1982

년부터 3년간은 런던 주재 소련 KGB 책임자였다. 고르디에프스키는, 고르바초프가 안드로포프 및 체르넨코 서기장의 연속 사망 이후 권좌에 오르기 한참 전에 그의 집권을 예측하는 정보를 제공한 것으로 유명하다. NATO가 '에이블 아처 83'이라는 군사훈련을 하였을 때 소련 지도부가 이를 핵공격으로 오해한 사실도 알려주었다. 1986년 중반에 영국으로 탈출한 그는 영국 정부의 보호 아래 공개적 활동을 하고 있다. 여러 권의 책을 썼다.

김일성의 正體: 비밀경찰 요원

크리스토퍼 M 앤드루와 함께 쓴, 《본부로부터의 지시문 추가: KGB의 세계적 활동에 대한 최고 기밀 파일(More Instructions from the Centre: Top Secret Files on KGB Global Operations 1975-1985)》이란 책 78페이지에 흥미로운 대목이 있다.

〈본부가 정보활동을 하기 힘든 세 공산국가는 알바니아, 중국, 북한이었다. 김일성이 다스리는 新스탈린 경찰국가의 치밀한 보안은 평양의 KGB 지부의 활동을 북경처럼 어렵게 만들었다. 1970년대 김일성이 중국과 우호적인 관계를 강화하자 모스크바는 경계심을 갖고 관찰을 하였다. 1973년 소련은 북한에 대한 무기 수송을 중단시켰으므로 중국은 주된 무기 공급국이 되었다.

2년 뒤 김일성은 북경과 부카레스트를 방문하면서 모스크바를 빠뜨

렸다. KGB는 이런 김일성을 배신감과 경멸감으로 대하였다. 김일성은 영명한 빨치산 작전으로 1945년 8월에 그의 조국을 일본의 압제로부터 해방시킨 저항전쟁의 영웅으로 행세하였다. KGB 본부는, 金이 1945년 8월엔 한반도에 있지도 않았다는 사실을 잘 알고 있었다. 북한지역이 소련군에 의하여 해방되고 있을 때 김은 러시아에서 赤軍의 대위 겸 NKVD(KGB의 前身)의 요원으로 근무하고 있었다(While Korea was being liberated by Soviet troops, Kim had been serving in Russia as both a lieutenant in the Red Army and an agent of the NKVD(the predecessor of the KGB).〉

소련 공산당에도 가입

KGB의 고위 간부에 의한 이 증언은 충격적이고 신빙성이 높다. 김일성이 소련군 장교 복장을 하고 있었지만 실제로는 비밀경찰 요원이었고 그가 소련군의 괴뢰로 선택되는 데도 베리아의 역할이 컸다는 주장이 러시아에서 나온다.

1940년 만주에서 소련의 연해주로 피신한 김일성은 88여단에 편입된다. 88여단은 소련군 소속이 아니라 악명 높은 소련의 비밀경찰 두목 베리아가 지휘하던 내무인민위원회(NKVD) 소속 부대였다. 일본이 항복한 이후 소련은 북한에서 소련의 이익을 위하여 복무할 조선인을 찾고 있다가 김일성에 착안하였다.

소련군 극동군 제2방면군 사령부가 1945년 8월 말이나 9월 초에 김일성을 불러 심사한 기록이 남아 있다. 사령관 푸르카예프 대장과 군사위원 쉬킨이 김일성과 나눴다는 대화록은 소련 국방부 戰史 연구소에서 근무한 가브릴 코로트코프가 쓴 《스탈린과 김일성》에 나온다.

　－당신은 조선인인가?

　－예

　－당신은 평양 남쪽 지방에서 태어났나?

　－예

　－당원인가?

　－예, 그렇습니다.

　－가족사항은?

　－기혼이며, 아들이 하나 있습니다.

　－당신은 赤軍(적군)에서 계속 근무하길 원하는가?

　－예, 그렇습니다.

　－만약 당신에게 북한에 일하러 가라고 제안한다면?

　－세계혁명 과업에 도움이 될 수 있는 곳이면 항상 일할 준비가 되어 있습니다.

　－아주 훌륭한 대답이었소.

　　　　　　(김학준 《북한의 역사》 1권에서 재인용, 서울대학교출판부)

　이 문답에 따르면 김일성은 소련공산당원이기도 했다. 코로트코프의 책에 따르면 극동군총사령부가 김일성을 추천한 서류는 베리아에게 올라갔다고 한다. 베리아는 "좋다"고 말한 뒤 스탈린에게 보고하였다. 스탈린은 金에 대한 보고서에서 〈의지가 있으며 명예를 존중하고 군사업무를 알고 좋아하며 부하를 통솔할 능력을 갖추고 있음〉이란 평가에 만족하였다고 한다.

괴뢰적 속성

〈1945년 9월19일 김일성 일행을 태운 (소련 군함) 푸카초프 호가 원산항에 도착하였다. 김일성은 소련군 대위 복장을 하고 있었고 마중 나온 사람들에게 악수를 하면서 "김성주입니다"라고 인사하였다. 그의 왼쪽 가슴에는 赤旗훈장이 달려 있었다.〉(孫世一,《이승만과 김구》, 제6권)

소련비밀경찰의 조선인 요원이 스탈린의 노리개로 선택되어 한반도에 등장한 날, 민족의 재앙이 시작된 것이다. 김일성의 본질을 잘 아는 건국 세대는 북한정권을 괴뢰, 또는 北傀(북괴)라고 불렀다. 李承晩(이승만)은 김일성이란 이름을 거의 입에 담은 적이 없다. 김일성을 조종하는 이가 스탈린이라고 믿었으므로 김일성을 비판해야 할 때는 스탈린을 상대로 했다.

반면 이승만은 美 국무부의 親蘇派(친소파)로부터 견제를 받아 해방을 맞는데도 귀국이 늦어졌다. 한국의 민심이 이승만을 갈구하는 것을 눈치챈 미군정 당국의 요청으로 귀국이 이뤄졌다. 김일성은 소련에 업혀서 북한에 들어오고, 이승만은 진짜 민중이 불러들인 차이가 있다. 김일성은 10대 중반부터 중국에서 학교를 다니고 중국공산당에 들어가 만주에서 抗日(항일)빨치산 활동을 하였으나 日軍(일군)에 쫓기다가 1940년엔 소련 지역으로 넘어가 88여단 소속 소련군 장교가 되었다.

그는 조선과 너무 오래 멀어져 있었다. 소련군과 중국공산당을 위하여 복무하느라고 愛族(애족) 애국심도 잊었을 것이다. 그가 스탈린에 의하여 선택이 되고 소련군에 업혀서 들어왔을 때는 의식구조가 이방인이었다. 김일성이 우상숭배와 주체사상이란 변태적인 통치술을 내세우게 된 것도 자신의 출신이 소련의 괴뢰였음을 숨기려는 몸부림이었을 것이다.

만약 이승만이 美 CIA 비밀요원으로 복무 중 미국 정부에 뽑혀 한국에 돌아와 미국이 시키는 대로 대한민국을 세웠다고 해도 한국의 교과서들은 이 사실을 싣지 않았을까? 김일성이 소련군의 대위였다는 치명적 사실을 학생들에게 숨긴 교과서는 대한민국이 아니라 김정은 정권을 위하여 복무한다고 간주해야 안전하지 않을까?

누가 정통국가인가

남북관계의 본질을 가장 깊게 들여다본 故 黃長燁(황장엽) 선생은 이런 말을 남겼다.

"남북관계는 누가 민족을 대표하는가 하는 것을 놓고 벌이는 권력투쟁이다. 이런 싸움에선 타협이 있을 수 없다. 정통과 異端(이단)으로 갈려서 싸우는 데는 승리와 패배가 있을 뿐 양보, 타협, 중재가 있을 수 없다. 더구나 이념이 서로 다르다. 이념이란 것은 가치관인데 정책이 다르면 타협할 수 있으나 이념이 다를 경우는 하나로 통합될 때까지 싸우게 되어 있다."

李承晩 대통령은 1950년 7월19일 트루먼 미국 대통령에게 보낸 편지에서 6·25 남침전쟁을 이렇게 정의하였다.

"이 전쟁은 남북대결이 아닙니다. 외세의 조종을 받는 소수의 공산주의자와 남북에 사는 전체 韓民族(한민족)의 대결입니다."

지금 김정은 정권과 전체 韓民族(한민족) 사이에 벌어지고 있는 武力(무력) 및 이념대결의 본질은 이렇게 요약된다.

〈민족사적 정통성과 삶의 양식을 놓고 다투는 타협이 절대로 불가능한 총체적 권력투쟁.〉

대한민국 헌법은 제3조에서 한반도와 그 부속도서를 영토로 규정, 북한정권을 국토 참절의 反국가단체로 격하시키고 대한민국만이 한반도의 유일한 정통국가임을 선언하였다. 1948년 12월 유엔총회는 공정한 선거로 출범하였다는 이유로 대한민국을 한반도의 유일한 합법국가로 인정하였다(좌편향 교과서 3종은 이 결의안을 변조, 38도선 이남에서만 합법국가로 인정받은 것처럼 기술, 검인정을 통과하였다가 발각, 수정되었다).

신라가 삼국을 통일한 이후 韓民族(한민족)을 대표하는 정통국가는 하나여야 한다는 것이 民族史(민족사)의 제1원칙이다. 이념대결의 핵심인 역사전쟁은 그 정통국가가 대한민국이냐 조선민주주의인민공화국이냐 하는 것을 놓고 다투는 타협이 불가능한 총체적 권력투쟁의 일부인 것이다.

교실에선 대한민국이 패배

이 역사전쟁에서 대한민국이 지고 있다는 것은, 2014년에 새로 나온 8종의 고등학교 한국사 교과서 전체에서 '대한민국 건국'이란 표기가 금지되고 '조선민주주의인민공화국 수립'은 허용된 점이 상징적으로 보여준다.

북한정권을 대한민국보다 優位(우위)에 놓는 이런 표기를 강제한 것은 놀랍게도 교육부였다. 교육부는 새누리당 李仁濟(이인제) 의원이 문제를 제기하자 '대한민국 건국說'보다는 임시정부 건국설, 대한제국 건국설, 단군조선 건국설이 더 설득력이 있다는 투의 답변을 했다. 대한민국 헌법은 북한정권을 국가 자격이 없는 반란단체로 규정하는데, 교과서는 이 집단을 국가로 登極(등극)시키고 대한민국을 '정부' 수준으로 격하시켰다. 교실에서 벌어지고 있는 역사전쟁은 미래 세대의 영혼을 누가 차지하느냐의 싸움인데, 이른바 民衆史觀(민중사관)이 이기고 있다는 움직일 수 없는 증거이다.

2014년에 8종의 한국사 교과서를 분석 평가한 강규형·권희영·정경희 교수 등 7명의 전문가들은 두산동아 판 등 5종(채택률 90%)이 "反대한민국적인 계급투쟁사관(민중史觀)으로 써졌으므로 교실에서 가르쳐선 안 된다"는 결론을 내렸다. 직설적으로 이야기하면 북한정권을 이롭게 하는 이념적 흉기이므로 리콜해야 한다는 것이었다.

과격하게 들릴지 모르지만 이 주장은 2014년 말 헌법적 정당성을 얻었다. 민중史觀은 '일하는 사람들'(노동자·농민·빈민)이 역사와 나라의 주체가 되어야 한다는 '민중민주주의'에 입각하고 있다. 2014년 12월19일에 나온 헌법재판소의 통합진보당 해산 결정문은 '민중민주주의'를 집중적으로 분석, 그 반역성과 違憲性(위헌성)을 확인하였다.

민중사관은 헌법 위반

결정문은 통합진보당의 강령이 민중민주주의에 입각하고 있고, 목적은 "일하는 사람이 주인 되는 자주적 민주정부를 세우고, 민중에게, 국정의 방향을 최종적으로 결정하는 정치적 지배권"을 주는 것이며, 그들이 말하는 '일하는 사람', 즉 민중의 범위는 아래와 같다고 판시하였다.

〈민중의 구체적 범위는 노동자, 농민을 중심으로 청년학생, 여성, 진보적 지식인, 양심적 종교인, 애국적인(하층) 군인, 장애인을 비롯한 사회적 소수자 집단, 제국주의 자본과 국내 독점자본에 저항하는 중소 영세상공인, 美日제국주의에 저항하며 분단을 극복하려는 통일운동세력이라고 할 수 있다.〉

헌법재판소 결정문은, 민중민주주의가 한국 사회를 특권적 지배계급과 민중으로 나누고 민중만이 주권자가 되어야 한다는 계급투쟁론에 입각하고 있으므로 헌법위반이라고 판단, 해산을 결정하였다.

〈이상을 종합하면, 피청구인(통진당) 주도세력은 모든 국민에게 주권이 있다는 국민주권 원리와는 달리, 주권자의 범위를 민중에 한정하고 민중에 대비되는 일부 특정 집단에 대해 적대적인 관계로 설정하고 있으므로, 피청구인 주도세력이 내세우는 민중주권주의는 일반적 의미로서의 국민을 주권자로 보는 국민주권주의와 다르다고 할 것이다.〉

교과서가 공동체 구성원에 대한 증오심 선동 도구화

國史(국사) 교과서의 다수 필진이 민중민주주의에 기초한 민중사관을 신념으로 삼고 있다는 증거는 차고 넘친다. 민중사관 신봉자들의 압도적 영향력으로 교과서는 마치 한 사람이 쓴 듯이 획일적 내용으로 정리되어 검인정 제도가 추구하는 다양성이 철저히 말살되었다. 민중사관 지지 세력은, 민중사관을 따르지 않는 유일한 교과서인 교학사 책을 단한 학교에서도 허용해선 안 된다면서 전체주의적 선동과 협박을 하다가 위기감을 느낀 朴槿惠(박근혜) 대통령의 반격을 自招(자초)한 면이 있다.

민중민주주의는 〈노동자, 농민, 청년, 학생, 여성, 지식인, 종교인, 하층 군인, 장애인 등 소수자 집단, 제국주의 자본과 국내 독점자본에 저항하는 중소 영세상공인, 美日제국주의에 저항하며 분단을 극복하려는 통일운동세력〉을 역사발전의 주체로 보므로 민중사관도 그런 흐름으로 한국사 교과서를 덮었다.

1. 민중사관은 대한민국의 민족사적 정통성을 부인, 자연스럽게 북한 정권에 정통성을 부여하려는 목적으로 써진 교과서를 권력투쟁(계급혁명)의 무기로 삼는다. 건전한 민주시민이 아니라 계급투쟁론으로 무장한 혁명戰士(전사)들을 양성하는 게 교과서의 목적일 수밖에 없다.

2. 민중사관 교과서는 대한민국 건국의 정당성을 부인하는 데 총력을 다하고 이를 위하여 건국 지도자 李承晩(이승만)을 폄하하는 데 주력한다. 이들 교과서의 제1 主敵(주적)은 이승만이다.

3. 대한민국의 건국이념인 자유민주주의의 장점을 가르치지 않는 대신에 김일성의 주체사상을 북한 선전 자료대로 가르치려다가 제동이 걸렸다.

4. 민중사관의 본질인 계급투쟁론에 입각하여 대한민국 발전의 주체 세력을 노동자, 농민, 청년, 학생, 지식인, 민주투사로 설정하였다. 자연스럽게 이승만, 박정희, 국군, 경찰, 이병철, 정주영 등 기업인, 과학자, 기술자, 반공투사, 건국공로자들은 무시되거나 비방의 대상이 되었다. 국민을 매개로 한 통합의 역사관이 아닌 민중을 매개로 한 분열적, 적대적 역사관을 심으려 했다. 교과서가 조국에 대한 사랑과 자랑 대신 공동체 구성원에 대한 이데올로기적인 증오심을 선동하는 도구가 되었다.

힘 없고 가난하던 대한민국은 70년 만에 인구 5000만 명 이상의 나라 가운데, 1인당 국민소득이 3만 달러 이상(구매력 기준)이고 민주주의를 하는 세계 7개 나라 중 하나로 발전하였다. 그럼에도 대한민국 교과서는 계급사관으로 기술되었으므로 건국과 건설의 역사를 무시하고 저항사 일변도의 운동권 투쟁 보고서 같은 책으로 전락하였다. '文明(문명)건설사'로 써져야 할 교과서가 '抵抗史(저항사)'로 변질되었다.

헌법·사실·공정성을 집필 원칙으로

5. 계급사관(민중사관)은 국제정세를 제국주의적 관점에서 이해한다. 민중사관 교과서는 국내적으론 이승만을, 국제적으론 미국을 主敵(주적)으로 삼아 사사건건 물어뜯는다. 해방자로 온 미군을 점령군으로 그리고, 김일성의 남침에 대응하여 파병된 미군 때문에 국제전쟁으로 비화되었다고 비난하며, 戰後(전후) 원조를 너무 많이 해주어 국내 산업이 타격을 입었다는 희한한 억지를 펴는가 하면 북한이 핵개발에 나선 것은 미국의 봉쇄정책 때문이라는 식이다. 불법 개입한 중공군을 비판하기는커녕 미국의 공격에 맞선 것이라는 기술을 한 교과서도 있다. 미국을 제국주의로 보는 틀을 세우다 보니 중국과 소련에는 우호적이다.

6. 민중사관은 계급투쟁론이므로 필연적으로 한반도의 계급혁명 사령부인 북한정권을 위하여 복무하게 되어 있다. 민중사관 교과서들이 한결같이 오늘의 북한 참상을 만든 3大 실패(토지개혁, 주체사상, 3대

세습)를 감싸거나 오히려 미화하는 것도 계급투쟁론이라는 가치관에 입각한 자들의 불가피한 記述이다. 1·21 청와대 습격 사건에서 연평도 포격에 이르는 北의 10大 도발을 거의 다루지 않는다. 천재교육 교과서는 역대 한국 정부에 '탄압'이란 말을 열 번, 북한 정권엔 한 번도 쓰지 않았다. 김일성 김정일 김정은에 이르는 3대 세습 독재에 대한 비판이 거의 없을 뿐 아니라 이승만 박정희를 양적으로나 질적으로 더 가혹하게 비방한다.

7. 헌법재판소가 민중민주주의를 違憲(위헌)이념으로 판단, 통진당을 해산시켰으면 교육부는 민중사관에 입각한 교과서를 反국가적·反헌법적·反교육적이라고 판단, 회수 폐기하는 게 논리적으로 맞다. 검인정을 국정으로 바꾸는 것은 마지막 수단이었지만 정면돌파가 아니고 우회적이고 미온적 조치라고 봐야 할 것이다.

8. 새 國定(국정) 교과서를 만들 때 지켜야 할 원칙은 간단하다. 첫째, 민중사관을 가진 필자들을 배제해야 한다. 둘째, 현대사 부분 필진에는 역사학자뿐 아니라 정치, 경제, 문화, 안보, 과학, 기술 등 다양한 분야의 전문가들이 참여해야 한다. 현대사는 살아 있는 체험의 역사이기 때문이다. 셋째, 집필의 3대 원칙은 헌법, 사실, 공정성이라야 한다. 교과서는, 대한민국 헌법을 존중하고, 사실에 부합해야 하며, 공정하게 기술되어야 한다. 이는 우파, 좌파의 진영논리를 뛰어넘는 보편적 원칙이다. 넷째, 편찬기준을 세밀하고 두툼하게 규정, 필자들의 자의적 해석이 들어갈 소지를 막아야 한다.

국군의 의견을 특별히 존중해야

9. 我軍(아군)엔 불리하게, 敵軍(적군)엔 유리하게 기술된 민중사관 교과서의 가장 큰 피해자는 국군이었다. 2011년 金寬鎭(김관진) 국방장관의 지시를 받은 국방부는 6종의 고등학교 교과서를 분석, 〈이런 교육을 받은 젊은이들이 군인이 되면 누구를 상대로, 왜 싸워야 하는가를 모르게 되어 戰力(전력)에 큰 차질을 빚는다〉는 요지의 수정 요구서를 정부에 제출하였다.

1961년 5·16 이후 국군이 교육문제에 관하여 이렇게 엄중한 행동을 한 적이 있는지 모르겠다. 문제는 이 요구가 무시되어 더 利敵化(이적화)한 교과서가 2014년에 나왔다는 점이다. 이번 교과서 개혁 때는 국군의 의견이 반영되고 국방부도 자신들의 입장을 분명히 해야 할 것이다.

10. 교과서를 매개로 한 역사전쟁은 형식상으론 국민분열적 민중사관과 국민통합적 자유민주史觀(사관)의 대결이지만, 그 본질은, 李承晩(이승만) 식으로 정리할 때, 남북대결이 아니라 김정은 일당과 韓民族 전체의 대결이다. 계급사관 추종자들은 거의가 대한민국보다는 김정은 세력에 우호적이다. 세계사의 大勢(대세)에 비추어 대한민국과 韓民族 편이 질 수 없는 게임이지만 左右(좌우)대결로 가선 이겨도 부담이 크다.

민중사관이 본질적으로 김정은 정권을 위하여 복무한다는 점을 국민들에게 알려주면서 '김정은 對 한민족'의 구도로 정착시켜야 變種(변종) 공산주의인 민중민주주의는 고립될 것이다. "김정은을 위한 공산독재 비호 교과서냐 대한민국을 위한 자유민주 수호 교과서냐"를 놓고 兩者擇一(양자택일)을 할 수밖에 없게 될 때 선택의 여지는 좁다. 민족사적 정통성을 놓고 다투는 타협이 절대로 불가능한 역사전쟁에서 이기는 쪽이 한반도 통일의 주체세력이 될 것이다.

6親6反

계급사관으로 기술된 남한 교과서가 북한교과서와 비슷한 관점을 취할 수밖에 없는 것은 역사관이 비슷하기 때문이다. 민중사관 교과서는 아래와 같은 일관된 흐름을 보인다.

*6親: 親北(북한정권), 親獨(사회주의 독재), 親中親蘇, 親勞(노동), 親不(불법), 親북한군

*6反: 反韓, 反自(자유민주주의), 反資(자본가), 反美, 反憲(헌법), 反軍(국군)

이 때문에 한 탈북자는 교과서를 읽고 나서는 〈평양에서 사용되어도 큰 무리가 없겠다〉는 말을 하였다. 북한은 계급史觀에다 이른바 주체史觀을 얹어 김일성을 신격화한다. 좌편향 교과서 필자들은 萬惡의 근원으로 가르쳐야 할 주체사상을 북한의 선전자료를 인용, 자주노선으로 미화하였다. 그러면서 자본주의 체제의 정당성은 설명하지 않았다.

이 책은 한국의 교과서 속으로 들어온 북한 역사서의 영향, 그리고

북한교과서의 날조까지 표절한 한국교과서의 사례를 다루었다. 역사관은 국가의 영혼에 해당한다. 정책이나 전략은 잘못되어도 고칠 수 있지만 영혼이 망가진 조직은 自虐(자학), 自害(자해), 自滅(자멸)로 간다.

피, 땀, 눈물로 써진 대한민국의 현대사는 변명도 미화도 필요 없다. 있는 그대로 쓰면 된다. 잘한 것, 잘못한 것을 사실대로 공정하게 쓰면 가슴 벅찬 文明건설사가 된다. 三國志(삼국지)의 주인공을 능가하는 영웅들의 이야기이기도 하다. 골방에 박혀서 대한민국을 흠집 낼 궁리만 하는 창백한 학자들에게 맡겨 놓기엔 너무나 감동적이고 거창하며 풍성한 역사이다.

'국민분열적 抵抗史(저항사)'를 '국민통합적 文明史(문명사)'로 바꾸는 데 이 책이 一助(일조)하였으면 한다.

趙甲濟

2015년 12월

1 남북한 역사교과서의 '역사 날조' 共助

북한교과서와 동아출판 교과서는 똑같이, 대한민국은 남한만의 선거로 만들어졌지만, 조선민주주의인민공화국은 남북한의 전체 선거로 출범하였다고 역사를 조작하였다. '남북한 총선거'는 스탈린이 지시한 사기극이었다.

趙甲濟(조갑제닷컴 대표)

남북한 역사교과서의
'역사 날조' 共助

2014년부터 전국 고등학교에서 사용하는 한국사 교과서 8종을 분석, 《대한민국 교과서가 아니다》라는 보고서를 낸 전문가 7명이 '최악의 날조'로 꼽는 기술(記述)이 있다. 대기업 집단인 두산그룹 산하 출판사 두산동아(출판 당시. 그 뒤 매각됨. 현재는 동아출판)가 발행한 교과서 273페이지이다.

〈북한은 남한에서 총선거가 실시되자 곧바로 정부 수립에 나섰다. 8월 25일에는 남북 인구 비례에 따라 최고인민회의 대의원을 뽑는 선거를 실시하였다. 북한과 남한에서 선거로 뽑힌 대의원들은 1948년 9월 최고인민회의를 열어 헌법을 만들고 김일성을 수상으로 선출하였다. 9월 9일에는 내각을 구성하고, 조선민주주의인민공화국 수립을 선포하였다.〉

1945년 10월14일 평양공설운동장에서 열린 '김일성 장군 환영 평양시민대회'에 모습을 나타낸 김일성. 뒤편의 소련군 장성들은 김일성 정권이 소련에 의해 만들어졌음을 보여 준다.

좌편향(左偏向) 교사들은 이에 근거, 대한민국은 남한만의 총선거를 통하여 출범하였지만 북한정권은 '남북 인구 비례'에 따른 정상적인 선거로 구성되었으므로 더 민주적이고 정통성이 있다고 가르칠 것이다. 이 교과서는 또 대한민국을 '정부 수립'이라고 격하하고 북한정권은 '국가 수립'으로 격상시켰다.

김일성 정권이 남북 총선거로 수립?

'남북 인구 비례에 따른 선거'는 역사 왜곡에 익숙한 이들에게까지도 너무나 생소하다. 대한민국이 그 석 달 전에 총선거를 실시, 국회를 구성하고 헌법을 만들어 대한민국 건국을 선포하였는데 국민들이 북한정권 수립을 위하여 또 선거를 하였다고? 이 교과서는 주(注)를 달았다.

〈남한에서의 최고인민회의 대의원 선거: 남한에서는 공개적으로 선출할 수 없었기 때문에 비밀리에 실시되었다.〉

이 설명은 의혹을 증폭시킨다. 왜 비밀리에 선거를 하였을까? 보통 사람들은 그런 비밀투표에 참여했다는 사람을 만나 본 적이 없으니 도대체 이게 무슨 소리인지 의아해할 것이다.

교과서 분석팀에 참여한 정경희(丁慶姬) 영산대 교수와 김광동(金光東·나라정책연구원장) 박사는 좌편향 한국사 교과서의 현대사(現代史) 부분은 북한 역사서의 논리와 틀을 표절하거나 베낀 점이 많다고 공언한다. 김 박사는 "역사서도, 교과서도 아니다. 선동문건"이라면서 "학생들에게 대한민국에 대한 적대감을 가르치는 좌경(左傾)의식화 교재"라고 말하기도 한다. 한 탈북자(脫北者)는 좌편향 교과서를 읽어 보고는 진지하게 "평양에서 가르쳐도 큰 무리가 없겠는데요"라고 했다. 그래서 북한교과서를 구해 읽어 보았다.

현재 사용 중인 북한의 중학교 4학년 교과서 《혁명력사 1》의 172~174 페이지는 이렇다(발췌).

〈위대한 수령님께서 내놓으신 방침은 북남 총선거를 실시하여 전체 조선인민의 의사를 대표하는 통일적 중앙정부인 조선민주주의인민공화국을 세우는 것이었다. 위대한 수령님께서는 미제와 반동들의 책동을 짓부시고 북남 총선거를 성과적으로 보장하도록 이끄시였다. 북과 남의 전체 인민들은 최고인민회의 대의원선거에 한 사람같이 떨쳐나섰다. 북

북한 김일성 정권이 '남북 인구 비례에 따른 선거'에 의해 수립되었다고 서술한 동아출판 〈한국사〉 교과서의 표지.

반부에서는 자유로운 분위기 속에서 선거가 성과적으로 진행되였다. 그러나 남반부에서는 미제와 그 앞잡이들의 가혹한 탄압으로 하여 비밀리에 서명을 하는 방법으로 먼저 인민대표들을 선출하였다. 선출된 인민대표들은 북반부에 넘어와 남조선인민대표자대회를 열고 최고인민회의 대의원들을 선거하였다. 주체37(1948)년 8월 최고인민회의 대의원선거는 성과적으로 끝나게 되었다. 위대한 수령님께서는 주체37(1948)년 9월 9일 영광스러운 우리 조국, 조선민주주의인민공화국의 창건을 온 세상에 선포하시였다. 조선민주주의인민공화국은 항일혁명투쟁의 혁명전통을 이어받은 정권이며 전체 조선인민의 의사에 따라 세워진 우리 인민의 유일한 합법적 국가이며 근로인민대중의 리익을 옹호하는 참다운 인민의 정권이다.〉

'北에선 자유선거, 南에선 비밀선거'

동아출판 교과서의 '남북 인구 비례에 의한 선거'가 북한교과서에선 '북남 총선거'로 표기되어 명칭만 다를 뿐 내용은 같다. 한국은 남한만의 총선거로 대한민국 정부를 수립하였지만 북한은 남북한 유권자들이 다 참여한 선거로 최고인민회의를 구성, 헌법을 만들고 조선민주주의인민공화국을 수립하였다는 것이다. 북한교과서는 북반부에선 '자유로운 분위기' 속에서 진행되었지만 '남반부에서는 비밀리에 서명하는 방법'으로 치러졌다고 했다. 동아도 북한의 선거는 자유로운 의사가 반영될 수 없는 원천적 부정선거임을 설명하지 않아 학생들이 공정한 선거를 한 것처럼 믿게 하였다. 그래 놓고는 〈남한에서는 공개적으로 선출할 수 없었기 때문에 비밀리에 실시되었다〉고 북한교과서와 똑같이 가르친다. 좌편향 교사들은 동아출판 교과서를 놓고 이렇게 가르칠 수 있다.

"이승만이 남한만의 총선거를 통하여 정부를 세우자 김일성은 인구에 비례한 남북한 총선거를 실시, 통일적 국가를 세우려 했는데, 이승만 정부가 탄압을 하여 남한에선 비밀선거를 할 수밖에 없었다. 한민족 전체의 의사가 반영된 정부는 조선민주주의인민공화국이다. 그래서 우리 교과서는 남한에 대하여는 정부 수립, 북한에 대하여는 국가 수립이라고 표기한다."

북한교과서의 〈조선민주주의인민공화국은 항일혁명투쟁의 혁명전통을 이어받은 정권이며 전체 조선인민의 의사에 따라 세워진 우리 인민의 유일한 합법적 국가〉란 설명과 본질적으로는 같게 된다.

제헌 헌법에 따라 이승만은 국회에서 선출되어 초대 대통령이 되었다. 그는 제헌 국회에서 차지한 의석 비율을 참고하여 여러 당파를 아우르는 내각을 구성하였다. 그는 조봉암 등 중도 세력도 등용하여 정치적 안정을 도모하였다. 그러나 그동안 이 승만과 노선을 같이하였던 한국 민주당은 각료 배분에서 소외되어 야당이 되었다.

마침내 1948년 8월 15일 대한민국 정부가 출범하였다. 같은 해 12월 12일 국제 연합 총회에서는 대한민국 정부를 유엔 감시 아래 실시된 선거로 한반도 내에서 유일한 합법 정부로 승인하였다.

북한, 정부를 수립하다

1946년 2월에 북한에서는 소련의 후원 하에 김일성을 위원장으로 하는 북조선 임시 인민 위원회가 수립되었다. 이 위원회에서는 사실상 정부 구실을 하여 '무상 몰수·무상 분배' 의 *토지 개혁을 단행하고, 산업을 국유화하였으며 친일파를 처벌하였다.

북한에서는 1947년 12월 임시 헌법 초안을 만들고, 1948년 2월에는 조선 인민군을 창설하였다. 임시 헌법 초안을 인민 토의에 부치는 등 정권 수립을 진행하던 북한은 남한에서 총선거가 실시되자 곧바로 정부 수립에 나섰다. 8월 25일에는 남북 인구 비례에 따라 *최고 인민 회의 대의원을 뽑는 선거를 실시하였다. 북한과 남한에서 선거로 뽑힌 대의원들은 1948년 9월 최고 인민 회의를 열어 헌법을 만들고, 김일성을 수상으로 선출하였다. 9월 9일에는 내각을 구성하고, 조선 민주주의 인민 공화국 수립을 선포하였다. 소련을 비롯한 사회주의 국가들이 이를 승인하였다.

북조선 임시 인민 위원회 수립 경축 대회(1946. 2.)

*북한의 토지 개혁 북한의 토지 개혁의 경우, 분배된 토지에 대해서는 매매·소작·저당이 금지되었으며, 1958년에는 집단 농장화가 이루어졌다.

*남한에서의 최고 인민 회의 대의원 선거 남한에서는 공개적으로 선출할 수 없었기 때문에 비밀리에 실시되었다.

동아출판사 〈한국사〉 교과서의 북한정권 수립에 관한 부분.

동아출판 교과서엔 김일성이 소련군 장교였다는 사실이 적혀 있지 않다. 스탈린이 박헌영과 김일성을 모스크바로 불러 면접을 본 뒤 김일성을 괴뢰적 지도자로 선택하였다는 점, 북한의 헌법과 국호를 스탈린이 최종적으로 결정하여 내려보냈다는 사실도 적지 않았다. 무엇보다도 '남북 총선거'라는 희대의 사기극이 스탈린의 지시로 연출되었다는 점을 숨겼다. 북한정권의 수립과정에 대해 아무런 비판이 없는 이 교과서는 대한민국 건국에 반대한 김구, 김규식, 그리고 제주도와 여수·순천의 좌익 무장반란에 대하여는 호의적이거나 동정적으로 기술하였다.

2014년부터 고등학교에서 사용하는 천재교육 한국사 교과서는 대한민국 건국 과정을 설명하면서 이런 연표를 만들었다(308페이지).

　*1948. 4. 제주 4·3 사건

　*1948. 5. 5·10 총선거

　*1948. 8. 대한민국 정부 수립

　*1948. 9. 조선민주주의인민공화국 수립

　*1948. 10. 여수 순천 10·19 사건

이 교과서는 대한민국에는 '정부 수립', 북한에는 '국가 수립'이라고 표현, 헌법상의 반(反)국가단체를 우위(優位)에 놓았다. 제주와 여수·순천에서 일어난 사건의 본질은 좌익 무장반란인데 이를 감추기 위하여 '사건'이라고만 적었다. 교과서 본문에선 4·3 사건을 일으킨 남로당 세력을 '무장봉기 세력'이라고 미화하고(미래엔 교과서는 여순 14연대 반란도 '무장봉기'라고 표현), 반란 진압에 나선 군경(軍警)을 '토벌대'라고 비하(卑下)하였다. 공산당을 정의(正義), 대한민국을 불의(不義)로 가르치는 용어 선택이다. 연표는 1946년 2월에 이미 북조선 임시인민위원회가 출범, 토지개혁과 산업의 국유화 조치 등 정부 역할을 하기 시작한 사실을 누락함으로써 한국이 먼저 정부를 수립, 분단의 책임이 있다는 식의 오해(誤解)를 부른다. 1945년 9월 20일에 스탈린이 소련군 당국에, 북한에 먼저 친소(親蘇) 공산 정권을 세우도록 지시한 문서의 존재도 무시하였다.

좌편향 교과서는 미국과 이승만을 주적(主敵)으로 삼아 대한민국 건국의 정통성을 부정하는 것이 존재 목적이므로 내용이 다 똑같다. 검인정의 장점이란 다양성은 말살되고 교실은 90% 이상이 반역적 민중사관(史觀)에 점령당하였다. 그렇더라도 북한정권 수립에 한국의 유권자들

위대한 수령님께서는 미제와 반동들의 책동을 짓부시고 북남총선거를 성과적으로 보장하도록 이끄시었다.

북과 남의 전체 인민들은 최고인민회의 대의원선거에 한사람같이 떨쳐나섰다.

북반부에서는 자유로운 분위기속에서 선거가 성과적으로 진행

173

되였다.

그러나 남반부에서는 미제와 그 앞잡이들의 가혹한 탄압으로 하여 비밀리에 서명을 하는 방법으로 먼저 인민대표들을 선출하였다. 선출된 인민대표들은 북반부에 넘어와 남조선인민대표자대회를 열고 최고인민회의 대의원들을 선거하였다.

주체37(1948)년 8월 최고인민회의 대의원선거는 성과적으로 끝나게 되였다.

위대한 수령 김일성대원수님께서는 북남총선거가 끝나자 최고인민회의 제1차회의를 여시고 조선민주주의인민공화국을 창건하시었다.

북한 중학교 4학년 《혁명력사》 교과서의 북한정권 수립 관련 부분.

이 동참하였다는 역사 조작은 심하다. 더 알아본다. 1948년 4월24일 스탈린은 몰로토프 외무장관, 주다노프 이론담당 서기, 슈티코프 장군을 불러 북한의 헌법과 정권수립 방침을 토의, 결정했다.

스탈린이 지시한 남한의 '지하선거'

소련 독재자 스탈린은 이날 소련공산당 정치국의 결정으로서 김일성(金日成) 정권이 전체 한반도를 대표하는 정통적 정부인 것처럼 선전하기 위하여 평양의 소련군 당국에 '남북한 선거'를 지시했다. 정치국은

〈만약 남한에서 단독선거가 실시되어 남한 단독정권이 수립된다면 슈티코프 동지는 김일성 동지에게 다음과 같은 결의를 하기 위해 북한의 최고인민회의를 소집하도록 권고하라〉고 명령했다(슈티코프 日記). 슈티코프는 소련군 연해주(沿海州) 군관구 정치위원이자 미소공위(美蘇共委) 소련 측 대표로 북한 군정(軍政)을 총지휘한 인물이다.

정치국이 내려보낸, 북한의 최고인민회의가 결의할 내용은 ▲한반도 통일 때까지는 최고인민회의 4월 회의에서 채택되는 헌법이 북한에서만 효력을 가지며 ▲헌법에 따라 최고인민회의 대의원 선거는 전체 한반도에서 실시한다는 것이었다.

모스크바의 지시는 김일성에 의하여, 남한 측 대표들을 '지하선거'로 선출, 비밀리에 황해도 해주(海州)에 모이게 하는 방식으로 집행되었다. 남북한 공산주의자들이 주관한 남한 지하선거는, 북한정권을, 한반도 전체 인민의 지지로 수립된 합법 정부인 것처럼 꾸미기 위하여 스탈린의 지시로 이뤄진 것인데 동아출판 교과서는 이 결정적 사실을 학생들에게 알리지 않았던 것이다.

남로당이 주도한 '기만적 선거'

손세일(孫世一) 선생이 〈월간조선(月刊朝鮮)〉에 연재한 '이승만과 김구'에서 정리한 이른바 '남한 지하선거'의 실상은 이렇다.

〈북한의 소련 군정 당국은 스탈린의 지시를 받고 김일성을 조종하면서 이른바 조선민주주의인민공화국 수립 과정을 철저히 관리하였다. 정부의 모태(母胎)가 되는 최고인민회의(한국의 국회에 해당)를 구성할 대의원 수를 인구 5만 명에 1명씩으로 하고 인구 비례에 따라 남한 대의원은 360명, 북한 대의원은 212명으로 할당하였다.

북조선 대의원 선거는 8월 25일로 정하였고, 남한에선 남로당의 주도 하에 할당된 대의원 수의 3배수인 1080명의 인민 대표를 먼저 뽑기로 하였다. 남로당 지도자 박헌영은 이 불법 '지하선거'를 돕기 위하여 북한에 있던 정치 군사 간부 양성소인 강동정치학원 학생들을 동원하였다. 200여 명을 뽑아 선거를 진행할 전권위원으로 임명, 남한 각지로 밀파한 것이다. 이들은 7월 10일쯤부터 닷새에 걸쳐 개성, 강원도의 연천(漣川), 양양(襄陽) 방면으로 38선을 넘어 담당 지역으로 잠입했다.

이들은 남로당원과 좌익세력을 상대로 한 지하선거를 공작하기 시작하였다. '지하선거'를 치르기가 너무 위험한 지역에서는 전권위원들이 골방에 들어앉아 제멋대로 연판장을 조작, 중앙에 올려보내기도 했다. 군중집회를 연 적이 없는 곳에서 "군중집회를 열어 서명날인을 받았다"는 연판장이나, "선거를 치렀다"면서 투표용지를 보낸 허위 사례도 없지 않았다고 한다. 아무 이름이나 적고 적당히 도장을 파서 찍는 경우도 있었다. 도토리나 감자로 도장을 파서 찍기도 했다.

불법적이고 기만적인 '지하선거'를 통하여 선출된 1080명의 인민대표가 비밀리에 월북하였다는 것이 북한 측 발표이다. 제주도의 4·3 사건을 주도한 스물두 살의 청년 김달삼(金達三)은 목포를 거쳐 해로(海路)로 해주에 도착했다. 남조선인민대표자대회는 8월 21일부터 26일까지

해주시의 인민회당에서 열렸다. 보고자는 남조선의 전(全)유권자 868만1746명 가운데 77.48%에 해당하는 673만2407명이 투표에 참가했다고 발표했다. 물론 믿을 수 없는 숫자이다. 과도정부 경무부장 조병옥(趙炳玉)은 8월 20일 현재 '지하선거'와 관련하여 구속된 자는 1379명인데, 그 가운데 226명이 송청(送廳)되고, 414명은 치안재판에 회부되었으며, 123명은 석방되고, 나머지 616명은 유치 중이라고 8월 24일에 발표했다.

李承晩의 반박

8월 25일의 해주회의에서는 남조선 인민대표들이, 조선최고인민회의의 남조선 대의원 360명을 선거하는 투표가 있었다. 투표지에 기재된 360명의 후보 전원이 '당선'되었다. 북한의 최고인민회의 대의원 선거도 8월 25일 아침 6시부터 일제히 실시되었다. 투표는 복수의 후보자 가운데서 한 사람을 선택하는 것이 아니라 등록된 한 사람의 입후보자에 대하여 찬성과 반대의 의사표시를 하는 것이었다. 찬성이면 흰 함에, 반대면 검은 함에 투표하게 되어 있었다. 북한의 중앙선거위원회가 8월 28일에 공식으로 발표한 집계에 따르면, 등록유권자 452만6065명 중 99.97%가 투표에 참가했다. 찬성투표율은 98.49%였다.

이승만 대통령은 9월 2일에 AP통신 기자로부터 600만 명 이상의 남한주민이 투표에 참가했다는 북한의 주장에 대한 논평을 요구받고 다음과 같이 말했다.

"우리는 비록 상호 기만하는 시대에 살고 있을망정 인민은 속지 않을 것이다. 북한의 소련정권은 유엔총회에서 이 황당무계한 주장을 행할 것으로 추측되는데, 그들은 한국 인민이 명백히 아는 바와 같이 유엔총회에서 가소롭다고 생각될 것이 확실하다. 유엔위원단의 감시하에 700만 명의 남한인민은 5월 10일 선거에 투표하여 우리 대한민국을 수립한 국회를 선출하였던 것이다. 공산당이 선전하는 바와 같이 이들 남한시민 중에서 600만 명이 전향(轉向)하여 하등의 법적 근거도 가지지 않는 정부에 재차 투표하였다는 것은 우리들 시민으로서는 도저히 믿을 수 없는 일이다. 이러한 근거 없는 기만에도 불구하고 북한인민은 합법적 정부가 서울에 수립되었으므로 소련이 허락만 한다면 곧 이 정부에 참가할 수 있다는 것을 잘 알고 있다.">

일본의 호세이(法政)대 교수 시모도마이 노부오(下斗米伸夫)가 쓴 《아시아 冷戰史》에 따르면 스탈린은 1948년 4월 24일 모스크바 교외에 있는 별장에서 몰로토프와 주다노프 등 소련공산당 간부들과 함께 북한 헌법 제정 등의 절차를 결정했다.

〈북한 헌법은 1947년부터 소련 헌법을 기초로 하여 준비되었으나, 일부는 스탈린 자신이 집필했고, 또 당초 있었던 임시헌법에서 임시라는 표현을 삭제한 것도 스탈린이었다. 4월 회의에는 북한 지도자 아무도 참가하지 않았다. 소련이 일방적으로 결정했다. 이 회의의 결정에 따라 8월에 조선최고인민회의 선거가 이뤄지고 9월 2일에 제1회 회의를 소집했으며,

8일엔 헌법을 채택, 9일엔 인민공화국 창설이 선언되었다. 국호(國號)인 조선민주주의인민공화국도 러시아어(語)로부터 직역(直譯)한 것이다.〉

유엔 결의문도 변조한 교과서

이제야 우리는 알게 되었다. 동아출판 교과서에 실린 남북한 인구 비례에 따른 선거와 남한에서 있었다는 비밀선거의 정체를. 그것은 스탈린이 지시하고 김일성이 집행한 '부정선거'이고 기만적 선거였다. 유엔총회가 1948년 12월에 한국의 선거를 공정한 것으로 평가하고, 그런 선거로 수립된 대한민국을 한반도의 유일한 합법 정부로 인정한 것은 스탈린과 김일성의 사기극에 대한 일종의 단죄(斷罪)였다. 동아출판 교과서는 남한의 비밀선거가 남로당의 공산당원들이 주도한 것임을 은폐, 스탈린과 김일성의 음모에 학생들이 넘어가기 쉽게 만들었다.

김일성 괴뢰정권을 이롭게 하고, 대한민국에 흠집을 내기 위해서는 일편단심으로 사기적 변조를 서슴지 않은 동아출판 교과서는 유엔 결의문도 조작하였다.

〈국제연합총회에서는 대한민국 정부를 선거가 가능하였던 한반도 내에서 유일한 합법정부로 승인하였다.〉(273페이지)

'선거가 가능하였던 한반도 내'는 38도선 이남(以南) 지역을 가리킨다. 유엔총회의 1948년 12월 결의문은 대한민국을 38도선 이남이 아니라

소련군 88여단 시절의 김일성(사진 좌측).
〈한국사〉 교과서들은 '소련군 장교 김일성'
에 대해서는 함구하고 있다.

한반도 전체의 유일한 합법정부로 인정하였다.

〈(대한민국) 정부는 임시위원단의 감시 아래 한반도 해당 지역 유권
자들의 자유로운 의지가 정당하게 표현된 선거를 통하여 수립되었다.
따라서 이 정부는 한반도에 존재하는 유일한 그러한 정부이다〉고 명기
(明記)하였음에도 동아출판 교과서는 반국가적 의도에 맞추어 내용을
변조한 것이다. 2011년에 공시한 '고등학교 한국사 교과서 집필 기준'도
〈대한민국 정부는 유엔으로부터 한반도의 유일한 합법정부로 승인받은
사실에 유의한다〉고 못 박았다. 문제는, 유엔결의문 내용을 조작하
고, 집필기준을 무시하면서까지 대한민국을 격하시킨 이 교과서가 불합
격 처리되기는커녕 지적도 받지 않고 검인정을 통과하였다는 사실이다.
채점자가 수능시험에서 오답(誤答)을 정답(正答)으로 처리해 준 셈이다

(교육부는 언론의 지적을 받고서야 수정 조치를 취하였다).

일편단심으로 '님'(북한정권)을 감싸는 이 교과서는 또 〈… 금강산 사업 중단, 천안함 사건, 연평도 포격 사건 등이 일어나 남북관계는 경색되었다〉고 하여 누가 천안함 사건의 범인인지를 밝히지 않았다. 교육부가 도발 주체를 명시하라고 수정을 권고했으나 이를 거부하였다가 수정 명령을 받고서야 북한 소행이라고 적었다.

김일성 우상화에는 협조

〈1945년 9월 19일 김일성 일행을 태운 (소련 군함) 푸카초프 호가 원산항에 도착하였다. 김일성은 소련군 대위 복장을 하고 있었고 마중 나온 사람들에게 악수를 하면서 "김성주입니다"라고 인사하였다. 그의 왼쪽 가슴에는 적기(赤旗) 훈장이 달려 있었다.〉(손세일, 《이승만과 김구》, 제6권)

동아출판, 천재교육, 금성출판사 등 모든 검인정 교과서들은 김일성이 소련군 장교였다는 치명적 사실을 숨겼다. 김일성을 꼭두각시로 선택한 이는 스탈린이었고, 소련군이 그를 철저하게 조종, 공산정권을 세우게 하였다는 점도 완벽하게 은폐하였다. 이승만이 미군 장교가 되어 귀국하였더라도 교과서는 이 사실을 쓰지 않았을까?

한민족(韓民族)의 가장 큰 재앙은 소련군 88여단 소속 대위 김일성이 소련군에 업혀 북한에 들어와 소련의 이익을 위하여 복무하게 되는 데서 비롯했다. 한국 현대사를 이해하는 데 출발점이 되는 사실이다. 검인정 교과서들은 이를 숨겨 북한정권의 괴뢰적(傀儡的) 속성을 덮고, 이승만이 공산주의자뿐 아니라 미국과도 맞서 가면서 성공시킨 '자유민주 국민국가 건설'의 자주성을 왜곡, 학생들에게 조국을 적대시(敵對視)하도록 가르치는 의식화 교재로 전락하였다. 교과서 집필의 대원칙인 헌법, 사실, 공정성을 완벽하게 무시했다.

김일성이 소련군 대위였다는 현대사의 제1진실을 덮은 검인정 교과서들은 김일성 우상화에는 협조한다.

〈(소련군은) 특히 제2차 세계대전 막바지에 소련 연해주를 중심으로 항일 유격대를 이끌고 있던 김일성을 후원하였다.〉(2014 동아출판 267페이지)

이 또한 사실 왜곡이다. 1940년 말 만주에서 소련 연해주로 피신한 김일성은 미국을 주축으로 한 연합군이 일본의 항복을 받아 낸 1945년 8월 15일 이후까지 소련 88여단 소속 소련군 장교로 근무하면서 일본군을 상대로 한 그 어떤 군사행동도 하지 못하였다. 소련이 8월 9일부터 대일전(對日戰)을 펼 때도 그는 병영(兵營)에 머물러 있었다. 김일성이 소련군 장교이던 시절, 즉 1941~1945년 사이 소련은 일본과 중립우호 조약을 맺은 상태였다. 소련군 하급 장교가 이를 무시하고 일본군이 관할하던 만주와 한국으로 넘어가 항일전(抗日戰)을 펼 수는 없었던 것이다. 그럼에도 동아출판 교과서는 김일성이 소련군 장교 신분임을 밝히지 않고 연해주에서 제2차 세계대전 막바지까지 항일 유격전을 지휘한 것처럼 왜곡하였다. 북한에선 김일성의 항일 활동을 조작하기 위하여 김정일이 백두산 밀영(密營)에서 태어났다고 꾸몄다. 동아출판의 기술도 같은 맥락의 왜곡이다.

황당한 김일성의 북한 해방 작전

북한정권은 김일성을 우상화하는 과정에서 소련군이 아니라 그가 조선인민혁명군을 지휘, 북한지역을 해방시켰다는 희대의 날조를 하였다. 국가와 역사가 생긴 이후 가장 황당한 역사 조작일 것이다. 소련군이 북한지역으로 들어오는 것을 본 사람들이 지금도 남북한에 많이 살아 있다. 김일성 북한 해방 작전에 대하여 현행(現行) 북한 중학교 4학년용 《혁명력사 1》 교과서는 이렇게 가르친다.

〈최후결전의 돌파구를 열어 놓으신 위대한 수령님께서는 주체 34(1945)년 8월 9일 조선인민혁명군 전 부대에 총공격명령을 내리시였다. 만단의 준비를 갖추고 기다리던 조선인민혁명군 부대들은 일제히 조국에로의 진격을 개시하였다. 간백산 밀영에 집결되여 있던 조선인민혁명군 부대들은 작전계획에 예견된 도시와 마을들을 련속 해방하면서 공격을 확대해 나갔다. 두만강 연안에 집결하였던 부대들은 놈들이 《난공불락의 방어선》이라고 장담하던 국경요새를 순식간에 돌파하고 경원, 경흥 일대를 해방한 다음 웅기 일대로 공격해 나갔다. 한편 바다로 진격한 부대들은 웅기에 상륙한 다음 청진 방향으로 진격하였다.

때를 같이하여 국내에 파견되어 활동하던 소부대들과 정치공작원들은 인민무장대들과 무장봉기조직들, 광범한 인민들을 전인민적 항쟁에로 불러일으켰다. 라진인민무장대는 놈들이 오래동안 품들여 건설해 놓은 해군기지가 있는 라진을 해방하기 위한 전투를 벌렸다.

전국 도처에서 조선인민혁명군의 진격에 합세하여 무장항쟁을 일으켰다. 청진, 길주, 성진(김책)지구의 무장대들은 적 패잔병들을 소탕하고 공장들을 틀어쥐였으며 경찰기관들을 짓부시였다. 안팎에서 얻어맞고 녹아난 일제는 조선인민혁명군의 총공격 작전이 개시된 지 1주일만인 1945년 8월 15일 무조건 항복하였다. 그리하여 간악한 일제의 식민지통치는 무너지고 우리 나라는 해방되였으며 항일무장투쟁은 드디여 빛나는 승리로 끝났다. 위대한 수령님께서 조직령도하신 항일무장투쟁은 강대한 일제와 맞서 싸워 이긴 간고하고도 장기적인 혁명투쟁이였다.〉

코미디 같은 기록이지만 이런 게 차라리 대한민국을 욕보이고 김일성을 감싸기 위하여 뻔한 사술(詐術)을 쓰는 한국의 좌편향 교과서보다 낫다는 생각이 들 정도이다. 북한교과서는 김일성이 북한을 해방시켰다는 역사 조작을 마무리하면서 이른바 주체사상과 이에 기초한 유일체제는 항일무장투쟁 승리의 결과라고 해설하였다. 즉 북한주민들에겐 생지옥 같은 삶을, 김일성 3대(代)에겐 세습독재를 가져다준 주체사상이 역사 날조를 바탕으로 피어난 악(惡)의 꽃이란 고백이었다. 한국의 좌편향 교과서가 끈질기게 주체사상을, 북한 선전문건에 의거하여 가르치려 하고 실패한 토지개혁을 미화하는 것도 김일성 우상화에 협조하고 있다는 방증(傍證)이다.

남북한 교과서가 김일성 토지개혁 미화에 共助

북한의 현행 중학교 4학년용 교과서《혁명력사 1》은 김일성의 이른바 민주개혁 중 토지개혁을 이렇게 설명한다.

〈위대한 수령님께서는 북조선임시인민위원회를 세우신 다음 곧 민주개혁을 실시하도록 하시였다. 지난날 우리나라 농촌에서는 일제와 얼마 안 되는 지주 놈들이 거의 모든 땅을 차지하고 있었다. 경애하는 수령 김일성 대원수님께서는 다음과 같이 교시하시였다.

《우리 당은 밭갈이하는 농민들을 땅의 참된 주인으로 만들기 위하여 무상몰수, 무상분배의 원칙에서 토지개혁을 하며 몰수한 땅을 국가소유로 하지 않고 농민들의 개인소유로 할 데 대한 방침을 내놓았습니다.》

위대한 수령님께서 내놓으신 토지개혁 방침은 지주의 땅과 소작 주던 모든 토지를 무상으로 빼앗아 땅이 없거나 적은 농민들에게 무상으로 나누어 주며 그것을 농민들의 개인소유로 하는 것이었다. 위대한 수령님의 현명한 령도에 의하여 토지개혁은 불과 20일 남짓한 기간에 가장 철저하게 성과적으로 수행되었다. 토지개혁이 빛나게 수행됨으로써 우

북한의 토지개혁은 농민들에게 경작권만
주었다가 빼앗은 기만적인 것이었다.

리 농민들은 지주의 착취와 억압에서 영원히 벗어나 땅의 참다운 주인
으로 되었다.〉

교학사를 제외한 거의 모든 검인정 교과서들은 김일성의 토지개혁을
설명하면서 북한식 선동 용어인 '무상몰수, 무상분배'를 비판 없이 수용
하였다. 농민들에게 실제로는 경작권만 준 것이므로 '무상분배'가 아닌
데도 2011년판 검인정 한국사 교과서(고등학교 3학년에서 사용됨)의 기
술은 천편일률적으로 북의 토지개혁을 미화하고 이승만의 농지개혁을
비판한다.

▲"북한에서 1946년 3월 '무상몰수, 무상분배'의 토지개혁을 실시하
자, (남한의) 농민들은 북한과 같은 토지개혁을 요구하였다. 미군정은
토지개혁 요구를 외면할 수 없게 되자 입법을 서둘렀으나, 지주층의 반

대한민국 정통성을 부정하기 위한 일관된 역사 날조

2013년 8월30일 검인정을 통과한 두산동아(나중에 동아출판으로 바뀜) 고등학교 한국사 교과서는 대한민국의 정통성을 부정하는 데 조직적이고 일관된 왜곡과 날조의 기술(記述)을 하고 있다.

1. 보천보 전투: 동아출판 교과서는 김일성 부대가 일본 경찰 주재소를 습격한 사건을 '보천보 전투'라고 과장, 소개하고 있다. 일본군과 교전한 것도 아닌 파출소 습격 정도의 사건을 과장, 굳이 교과서에 넣은 것은 김일성을 미화하기 위한 목적이 아닌가 의심된다. 이 교과서는 대한민국을 살린 백선엽(白善燁) 장군의 다부동 전투는 묵살하였다. 보천보 주재소를 습격한 부대의 정체와 김일성의 역할에 대하여는 논란이 있다.

2. 〈2차 대전 막바지에 소련 연해주를 중심으로 항일(抗日) 유격대를 이끌고 있던 김일성〉이란 기술은 거짓말이다. 김일성은 1940년에 만주에서 연해주로 도피, 소련 88 여단 소속 장교가 되었다. 당시 소련은 일본과 불가침 조약을 맺은 상태라 만주를 점령한 일본군을 공격할 수 없었으며 김일성은 소련군의 명령 하에 있었다. 김일성이 연해주로 피신하여서도 항일 유격대를 이끌었다는 기술은 사실과 정면으로 배치된다. 허위사실로 김일성을 찬양하려는 목적이 있었다고 볼 수밖에 없다.

3. 동아출판 교과서는 〈통일정부 수립을 위하여 노력하다〉는 중간 제목 아래 대한민국의 건국에 반대한 활동들을 미화하고 왜곡하였다. 북한정권과 스탈린에게 농락당한 김구·김규식의 남북 협상을 미화하고, 남로당이 주도한 제주도 무장반란 사건을 '무장 봉기'라고 왜곡하였으며, 역시 좌익이 주도한 여수 순천 14연대 반란 사건을 '일부 군인들의 명령 거부'라고 표현하였다.

4. 교과서는 김일성 정권이 남북한 인구 비례에 따른 선거로 출범하였다고 조작하였다. '북한과 남한에서 선거로 뽑힌 대의원들이 최고인민회의를 열어 헌법을 만들고 김일성을 수상으로 선출, 조선민주주의인민공화국을 수립하였다'는 본문(本文)은 북한의 교과서와 역사서에만 나오는 허위이다. 김일성 정권이 남한만의 총선거로 수립된 대한민국보다 더 정

통성이 있다는 억지를 합리화하기 위한 역사 날조로 보인다.

5. 〈같은 해 12월12일 국제연합 총회에서는 대한민국 정부를 선거가 가능하였던 한반도 내에서 유일한 합법 정부로 승인하였다〉는 대목은 공문서 변조(變造)에 해당한다(교육부의 지적을 받아 고침). 유엔 결의문은 대한민국 정부를 38도선 이남(以南)이 아니라 한반도 전체의 합법 정부로 인정하고 있는데도 대한민국 건국의 정당성을 훼손하기 위하여 내용 변조를 한 것으로 보인다.

6. 이 교과서는 김일성이 소련군 장교였다는 사실을 숨겼다.

7. 이 교과서는 1945년 9월20일에 스탈린이 북한에서 친소(親蘇) 정권을 세우도록 소련군에 지시한 사실을 기술하지 않아 남북 분단의 책임 소재를 흐렸다.

8. 이 교과서는 북한 정권 수립 과정에서 있었던 선거는 반대가 불가능한 원천적 부정선거였음을 기술하지 않았다.

9. 이 교과서는 이승만(李承晩)이 공산주의자들과 미군정의 반대를 동시에 극복하면서 자주적 노선으로 대한민국을 건국하였다는 사실을 쓰지 않았다.

10. 이 교과서는 북한의 헌법과 국호(國號)까지 스탈린이 확정하여 내려 보낸 사실도 숨겼다.

결론: 이 교과서는 대한민국 건국의 정통성을 부정하고 북한 정권 수립의 정통성을 조작하기 위하여 김일성에게 불리한 사실은 숨기고 유리한 사실은 과장, 조작하였다는 의심이 든다. 대한민국 건국에 참여한 세력을 매도하고 반대한 세력을 미화하였다. 조국을 폄하하고 적(敵)을 비호하기 위하여 일관된, 조직적인, 범죄적인 날조 변조 왜곡을 하였고, 이런 일에 국사편찬위원회와 교육부의 공무원이 가담, 협조하였다. 국가적 진상 조사가 필요하다.

발로 실시하지 못하였다."〈(주)삼화출판사 315페이지〉

▲"(이승만 정부의) 농지개혁의 결과 지주 중심의 토지 소유가 폐지되었으며, 농민들은 소작농에서 벗어나 자기 농토를 가지게 되었다. 그러나 분배받은 토지의 가격은 농민들이 농사를 지어 갚기에는 부담스러운 것이었다. 결국 이를 감당하기 어려운 농민들이 분배받은 농지를 다시 팔고 소작을 하는 경우도 있었다."〈법문사 317~318페이지〉

북한주민을 農奴化시킨 개혁 아닌 改惡

이들 교과서는 '무상분배'라는 북한식 용어를 사용, 김일성의 토지개혁이 지주의 땅을 강탈, 주민들에겐 소유권(所有權)이 아닌 경작권(耕作權)만 준 것임을 숨겼다. 땅을 나눠주면서 저당, 매매, 소작을 금지했던 것이다. 농민들에겐 현물세(現物稅)를 내게 하였으니 지주(地主)가 국가로 바뀐 것뿐이고 주민들은 농노화(農奴化)되었다. 이런 경작권마저 한국전 이후 협동농장으로 넘어가 북한주민들은 땅 없는 사람들로 전락하였다. 근로의욕의 상실로 생산성이 떨어져 1990년대의 집단 아사(餓死)를 초래하였다.

이승만 정부는 민주주의와 법치주의의 원칙에 입각, 유상매입·유상분배의 농지개혁을 하였고 이는 세계적 성공사례가 되어 식량문제를 해결하고 산업화(産業化)의 동력이 되었다. 그럼에도 좌편향 교과서들은 사유재산(私有財産) 강탈인 무상몰수를 미화하고 법치주의에 기초한 유상매입 유상분배를 비판한다. 필자들의 계급투쟁적 역사관을 드러낸 것이다.

2013년판 검인정의 경우엔 교육부가 수정권고 및 수정명령을 통하여 '무상분배'의 내용을 설명하도록 하였지만 이 용어를 폐기시키지는 못하였다. 이승만의 농지개혁은 토지자본을 산업자본으로 전환하는 계기를 마련했고, 한국의 전통사회를 지배했던 지주층의 몰락을 초래하며 한국 민주당 세력을 약화시켰으며, 6·25 발발 직전에 개시되어 전쟁 중에 완료됨으로써 전쟁기간 남한 농민들이 북한군에 호응하는 것과 같은 내부 동요를 예방, 남한의 공산화를 막는 효과를 발휘하였다는 평가를 받는다.

한국 교과서에선 그러나 이승만의 최대 성과가 김일성의 최대 실패에 밀리고 있다. 교실에선 총성 없는 좌익 쿠데타가 성공하였다. "이런 교과서로 배운 젊은이들이 군(軍)에 들어오면 전력(戰力)이 약화(弱化)된다"는 국방부의 2011년 호소도 간단히 무시하고, 더 좌경화한 교과서 8종을 2014년부터 사용하고 있다. 교과서 국정화(國定化)는 역사전쟁에서 낙동강 전선까지 밀린 대한민국의 최후 반격이란 성격을 띤다.

2 북한 전체주의 역사서를 표절한 한국의 역사교과서

대한민국 역사교과서는 첫째, 대한민국 정통 역사를 짓밟고
대한민국을 미워하도록 만들며 둘째, 김일성·김정일 전체주의를
미화시키며 셋째, 미국을 적대시하는 반미주의를 고양하고
넷째, 국제관계와 세계적 흐름을 차단하고 폐쇄적 反기업적 인식을
형성시키도록 만드는 데 봉헌되어 있다. 연구도, 사실도 없이
칼과 가위만을 들고 북한의 전체주의 역사체계를 오려 붙였을 뿐이다.

金光東(나라정책연구원장)

북한 전체주의 역사서를 표절한 한국의 역사교과서

I. 문제 인식

국민 기본교육을 위한 역사란 국가공동체가 겪어온 과거를 체계적으로 재구성함으로써 오늘을 이해하고, 내일을 준비할 수 있도록 하는 학문이다. 무한대의 사실로 구성된 역사를 교과서로 재구성하여 교육하는 이유는 민족과 국가가 성취하고 걸어온 삶의 궤적을 공유함으로써 공동체성을 확립하고 공유된 인식에 기반하여 더 나은 사회를 만들고자 하기 때문이다. 따라서 '있는 그대로의 사실' 중 국민 기본교육으로 담아야 할 역사서술 대상과 기준은 인류문명사적 보편가치의 지향이면서도 민족국가가 맞이한 어려움을 극복하고 이룩하고 성취해온 기록이자 기억의 재구성이다.

다음 글은 국민 기본교육으로 실시되는 역사교재인 고등학교 근현대사의 내용을 분석한 것이다. 우리 역사교과서가 어떤 목적으로 역사서술의 방향과 내용을 재구성했는가를 분석하고자 한다. 분석 방법은 전체주의 체제인 북한의 역사서 〈현대조선역사〉(1983)와 한국 검인정 교과서 4종(비상교육, 미래엔, 천재교육, 두산동아)을 비교하였다. 비교 결과를 토대로 대한민국의 역사교과서가 (i) 그와 같은 역사서술 대상을 선택한 이유가 무엇이며, (ii) 그런 내용으로 서술되게 된 이유를 규명하고자 한다.

특히 10개 주제를 분류하여 한국의 역사교과서가 얼마만큼 북한의 역사서술과 관련성을 갖는지를 규명함으로써 전체주의 체제인 '조선민주주의인민공화국' 역사서와의 '특별 관계'를 제시하고, 북한 역사서의 아류(亞流) 수준으로 재편집되거나 표절된 것임을 입증하고자 한다. 나아가 대한민국 역사교과서는 전체주의 역사서술방식과 단절하고 새롭게 인류 보편가치를 중심으로 한 문명사, 민족사, 국가사의 방향으로 재정립되어야 함을 강조하고자 한다.

II. 북한 '현대조선역사'와 한국 역사교과서 비교

1. 근거 없는 김일성 활동의 조작과 찬양

개인숭배 전체주의를 만든 주역인 김일성은 결코 독립운동을 한 바 없었음에도 불구하고 〈현대조선역사〉(1983)는 허위사실을 날조하여 김일성 주도의 항일활동을 대대적으로 조작해냈다. 그럼으로써 개인숭배적 김일성신화(神話)를 만들어 왔다. 김일성이 한 것은 중국공산당 활동과 전체주의를 지향한 계급혁명이거나 전체주의자 스탈린 휘하의 소련 하급군인으로서의 활동이 전부다. 김일성의 활동은 독립운동이 아니었으며, 단지 전체주의 체제를 만들기 위한 활동이었고 그것도 전체주의를 만든 중국공산당과 소련공산당의 활동의 일부로서 이루어진 것

만주 지역 곳곳에 수많은 항일 유격대가 조직되자, 중국 공산당은 이를 규합하여 동북 인민 혁명군(뒤에 동북항일연군으로 발전)을 편성하였다. 이를 중심으로 한·중 두 민족이 연대하여 항일 유격 투쟁을 활발히 전개하였다. 한편, 동북항일연군 내의 한인 항일 유격대는 국내 진출을 적극 도모하면서 함경도 일대의 공산주의 세력과 천도교도 등 민족주의 세력까지 통합하여 조국 광복회를 조직하였다(1936). 그리고 국내 조국 광복회 세력의 지원 아래 항일 유격대의 일부가 함경도 갑산의 보천보로 들어와 경찰 주재소와 면사무소 등을 파괴하였다. 이 사건은 국내 신문에 크게 보도되어 만주에서 독립군이 모두 사라졌다는 일제의 선전이 거짓이며, 항일 투쟁이 치열하게 계속되고 있음을 알려 주었다.(미래엔 p293)

1936년에 동북 항일연군으로 개편하고, 일제에 반대하는 모든 세력의 단결을 추구하였다. 동북 항일 연군의 지휘관에는 한인들이 많이 있었다. … 함경도 일대에도 조직을 확대하고, 보천보 전투 등 국내 진공 작전을 여러 차례 단행하였다. 하지만 일제의 공세가 강화되자 이들은 연해주로 근거지를 옮기고, 일제가 패망할 때까지 소련군의 일원으로 항일 운동을 지속하였다.(두산동아 p247)

그날의 역사: 보천보를 습격하다(두산동아 p247)

1936년 동북 항일 연군의 한국인 지휘관들이 중심이 되어 만주의 한인 사회주의자와 민족주의자를 포괄하는 통일 전선으로 조국 광복회를 결성하기 위한 활동이 시작되었다. … 보천보의 일본 경찰 주재소와 면사무소를 공격하는 등 일제를 놀라게 하였다.(천재교육 p289)

이다. 설사 북한 선전이 다 실제였다고 하더라도 당시 '조국 광복회' 수준의 단체활동은 수천 개에 달했다. 조작된 '보천보전투'라는 보천보 면소재지 습격사건 역시 단 한 명의 일본군과의 교전도 없었던 주재소와 면사무소 습격이었고 독립운동과는 아무런 관련성도 없는 사건이었다.

그렇다면 개인숭배 차원에서 날조한 역사가 비판되고, 바로 잡혀져야 함에도 대한민국 교과서는 황당하게 역사적 가치도 없는 공산당 활동과 '조국광복회' 및 '보천보 전투'를 장황하게 설명하고 있다.

중국 공산당원으로 활동하던 김일성은 1941년부터 일본과 중립조약(불가침조약)을 맺고 일본의 대미(對美)전쟁을 간접 지원한 소련 스탈린 군으로 활동했기에 근원적으로 독립투쟁을 할 수 없었다. 미국군의 일원도 아닌, 소련군의 일원이었다는 것 자체가 일본을, 대미전쟁을 간접적으로 지원하는 격이었다. 더구나, 김일성은 히로시마와 나가사키 원폭투하 후인 1945년 8월9일부터 단 6일간 펼친 소련군의 유일한 대일본(對日本)전 때도 참여하지 않았다. 독립운동사에서 김일성의 활동은 역사적으로 전혀 의미 없는 수준이기에 서술대상이 될 수 없는 것임에도, 우리 교과서는 날조된 내용을 바로잡지 않고, 오히려 다음과 같이 북한 역사서의 허위사실을 변용시켜 고등학생들로 하여금 필수적으로 알아야 할 역사사실로 교육시키고 있다.

일본 군국주의가 궤멸된 것은 미국과의 4년에 걸친 전쟁에서 졌기 때문이다. 일본 제국의 패망과 대한민국 및 동아시아 모든 국가의 독립을 이해하기 위해서는 제2차 세계대전 및 미국 주도의 태평양전쟁을 이해시키는 것이 정당한 것이다. 그리고 한반도 주변에서 펼쳐졌던 4년에 가까운 미국의 대(對)일본전쟁 과정과 미국 및 미군의 30만에 달하는 대규모 희생을 교육시키는 것이 맞다.

미국이 펼친 대일본전쟁을 제외한다면, 중국대륙과 동아시아에서 펼쳐진 항일전쟁의 본질은 중국 공산주의자가 아니라, 중국 정부와 국민당 장제스(蔣介石)군을 중심으로 전개되었다. 우리 민족의 항일투쟁도 대부분은 중국 국민당군이나 미군과 연계하여 이루어진 것이다. 그럼에도 우리 역사교과서는 김일성이란 이름만 명기하지 않았을 뿐, 내용적으로는 항일투쟁의 비중도 없고, 실체도 없던 김일성 중심의 투쟁을 있었던 것처럼 장황하게 서술하고 있다.

한국 교과서들은 일제하 무장투쟁의 전개 과정을 서술함에 있어, 북한의 역사책 〈현대조선역사〉에서 반복되어 나타나는 인민혁명군, 동북항일연군, 조국 광복회, 보천보 전투 등 공산주의의 활동을 비중 있게 다룬다. 마치 무장투쟁이 있었던 것처럼 기술하고 그 중심에 사회주의, 공산주의자들이 있었던 것처럼 그런 단체들을 구체적으로 제시하고 있다. 그렇지만, 미국의 대일본 전쟁의 과정이나, 중국 국민당과 함께 했던 활동이나 민족주의 계열의 항일무장 투쟁은 한두 줄 언급하는 정도다. 그러면서, 오히려 사회주의 계열이 합류함으로써 "한국 광복군의 군사력이 크게 강화되었다"(두산동아 p248)며, 사회주의계열의 항일투쟁을 부각시킨 후 그 투쟁세력이 "광복 후 북한 정권 수립에 참여했다"(미래엔 p299)고 서술해 북한 정권이 항일운동 세력에 의해 만들어진 중심세력인 것처럼 인식되게 만들고 있다.

그런 소련-중국-북한 사회주의 세력이 곧 전체주의 체제와 공산제국주의 체제를 만들었고, 연이어 공동으로 자유민주적 대한민국을 전면 침략했다는 것을 올바르게 이해하고 있다면 이런 서술방식은 문명사로나, 보편가치의 구현이나, 혹은 대한민국사적으로나 용납될 수 없는 것이다.

2. 미국을 민족분단자이자 제국주의로 공격

일본 군국주의는 미국과의 전쟁에서 패하여 해체된 것인데도 북한 역사서는 미국을 일본에 뒤이은 제국주의로 몰아가는 데 목적을 두고 있다. 미국이 38도선을 고안해 민족분열과 제국주의적 점령이 일어났다는 허위 사실의 확산에 모든 초점을 맞추고 있다. 미국의 대규모 희생을 통한 대일(對日)전 승리로 중국은 물론 동아시아와 대한민국이 해방 독립될 수 있었다는 사실을 일절 기록하지 않고 있다. 대신, 전혀 있지도 않았던 소련군과 김일성의 독립운동이 있었던 것처럼 서술해 놓고 나서, 다시 미군에 의한 분단과 미국의 한반도 절반의 점령을 부각시켜 서술하는 방식으로 미국을 일본에 이은, 또 다른 제국주의로 인식하게 만든다.

우리 한국 교과서도 김일성 체제의 역사서술과 동일한 방식으로 미국에 의한 일본 제국주의 패망 과정을 일절 서술하지 않는다. 단지 일본 패망 후 미국이 '무장 해제를 구실'로 '점령군 행세'를 했다고 서술하는 데 초점을 맞춘다. 특히 38도선을 미국이 제안한 것(미래엔 p307, 비상 p346)이라는 점을 강조함으로써 한반도의 분단 책임이 미국에게 있는 것으로 철저히 호도하고, 소련이 참전 조건으로 제시했던 동아시아에서의 지배권과 이권 요구가 분단의 원인이 되었다는 사실에 대해서는 일체 서술하지 않고 있다.

소련이 미국을 대상으로 얄타회담과 포츠담회담에서 참전조건으로 아시아 동북지역에서의 우선적 이권협상 요구과정을 서술하지 않는다. 대신, 북한 전체주의의 역사서술과 같은 논리로 '소련이 해방시켰는데,

인천을 거쳐 서울에 입성한 美 7사단 32보병연대 병사들이 서울역에서 남대문 쪽으로 행진하는 모습(1945년 9월9일).

미국은 소련이 해방시켜놓은 한반도의 절반을 차지했다'는 인식을 갖게 하는 서술에 목표를 두고 있다.

실제, 일본 항복 직전인 1945년 8월9일 소련의 대일본전 참전과정에서 미·소간 합의된 38도선이란 한반도의 일본군에 대한 무장해제의 기준선이었다. 그럼에도 일본군에 대한 무장해제 기준선을 공산 제국주의의 진출 확장선으로 만든 것은 소련이었다. 또한 합의된 38도선을 부정하고 6·25 침략전쟁을 이끌며 공산 제국주의를 더 확장시키고자 했던 것도 소련이었다. 그런 면에서 스탈린과 소련군이 제국주의군이고 한반도 북부에 전체주의 체제를 만든 근원이다. 얄타회담과 포츠담회담이란 소련과 스탈린(J. Stalin)이 러·일전쟁에서 잃었던 동아시아 지배력을 소련이 일본을 대신하여 다시 차지할 수 있게 해달라는 제국주의적 요구를 관철시켜가는 회담이었다.

북한 역사서는 이 같은 명백한 사실을 허위조작하여 미국이 '무장 해제를 명분으로' 분단선을 고안하였고 민족분단을 획책하였다는 서술을 하고 있는데, 우리 교과서도 북한교과서의 서술방식을 그대로 차용해 미군을 제국주의적이고 민족분단 원인자로 인식하게 만들고 있다. 소련제국의 확장으로 만들어진 한반도 분단이란 엄연한 역사사실은 없어지고, 일본패망을 이끌며 해방주역인 미군을 오히려 분단을 만든 점령군이자 제국주의 세력으로 호도시킨 것이다.

다른 한편, 38도선 설정이 만주군과 일본 대본영군 간의 군사편제에 따른 무장해제를 위한 기술적 구분이었던 사실이나, 무장해제를 명분으로 동유럽 등 소련 주변국에서 펼쳐진 소련 제국주의의 영토 및 공산화 전략에 대한 언급을 하지 않는다. 그리고 38도선이란 무장해제 기준선을 미국이 제안했다는 것을 부각시키며 분단을 만든 소련 대신 미국을 분단 책임국가로 만들고 있다.

3. '소련 해방군'과 '미군 점령군'으로 인식시킴

더 심각한 것은 우리 교과서들이 있지도 않았던 소련 치스차코프 사령관의 정치선전적 성명과 미 육군사령관이던 맥아더의 군사적 포고문을 비교시킴으로써 소련은 해방군이고 미군은 점령군이라는 것을 강조하고 있는 것이다.

우리 교과서는 6일간 참전한 소련군 사령관이 '조선인민은 해방되었다'는 취지의 성명서를 발표했다는 허위사실을 거론하며 소련군을 해방군으로 묘사한다.

그리고 일본과 4년간 전쟁을 하며 실질적으로 일본을 패망시킨 미국에 대해서는 '당분간 통치권한은 미군에 있다'는 취지의 맥아더 사령관의 성명서를 소련 치스차코프 사령관의 허위성명서와 병렬 비교하며, 미국을 제국주의로 인식시키고자 한다. 이는 북한의 가장 전형적인 정치선전 방식이다.

그 대표적인 것이 1958년 출판된 북한의 〈조선통사〉(1958, 조선로동

당출판사)다. 〈비상교육〉과 같은 한국의 역사교과서들은 일제히 출처도 없고, 오직 북한에서만 반복 인용되는 치스차코프 사령관의 '해방시켰다'는 성명과 맥아더 사령관의 '미군 통치' 성명을 비교하는 북한 역사서의 서술방식을 동일하게 따르고 있다. 〈비상교육〉은 북한 역사서술 방식으로 두 개의 성명서를 대비시켜 인식하도록 하고 있고(비상교육 p346), 그 외 나머지 교과서도 대부분 북한의 역사서술 방식으로 맥아더 사령관 포고문을 인용하며 미국은 제국주의적 점령군이었음을 인지하도록 만들고 있다.

실제 있지도 않았고, 출처도 없는 치스차코프 성명서를 맥아더 성명과 병기하는 방식은 전형적인 공산주의의 역사선동 방식이지만 우리 교과서는 충실하게 그런 방식 그대로를 따르고 있다.

조선통사(1958)

"조선 인민들이여! … 조선은 자유국이 되었다. … 조선인민들이여! 기억하라! 행복은 당신들의 수중에 있다. 당신들은 자유와 독립을 찾았다. 이제는 모든 것이 죄다 당신들에게 달렸다. 쏘련군대는 조선인민이 자유롭게 창조적 노력에 착수할 만한 모든 조건들을 지어주었다."(p288)

1945년 9월 7일 돌연히 남조선 상공에 나타난 미군 비행기는 다음과 같은 포고문을 투하하였다. "…본관은 본관에게 부여된 태평양 미군육군의 최고권한을 가지고 이로부터 조선 북위 38도 이남의 지역과 동지의 주민에 대하여 군정을 설치함. 따라서 점령에 관한 조건을 좌기(하기)와 여히 포고함.
조선 북위 38도 이남의 지역과 동 주민에 대한 모든 행정권은 당분간 본관이 권한에서 시행함."(p290)

평양에 진주한 소련군 병사들. 미군에 앞서 1945년 8월22일 북한 지역에 들어왔다.

현대조선역사

미제는 군정을 실시하면서 일제의 식민지통치기구를 그대로 존속시켰다. 조선주둔 미군사령관 하지는 그 통치기구가 가장 효과적인 운영방법이기 때문에 그대로 이용한다고 공개적으로 말하였다. … 미제는 일제의 통치기구들을 존속시키면서 경찰을 비롯한 일본관리들과 친일조선인관리들을 유임시켰으며 일제식민지통치시기 법률까지도 그대로 적용하였다.(p174)

미제는 남조선인민들이 자기 손으로 세운 지방자치기관들, 각급 인민위원회들을 강제해산시켰다. 1945년 10월 17일 미군사령관 하지는 〈군정청은 남조선에 있어서의 유일한 정부〉라고 선언함으로써 각급 인민위원회들의 존재를 부인하였으며 조선인민에게 오직 〈군정청의 명령에 복종〉할 것을 강요하면서 … 민주주의적 정당, 사회단체들의 활동을 각 방면으로 박해하고 탄압하였으며 저들의 식민지예속화정책과 탄압정책을 반대, 항거하는 혁명가, 애국자들을 검거투옥하였다.(p175)

4. 미·소 통치방식 왜곡을 통한 미국의 제국주의화

북한 〈현대조선역사〉와 대한민국 교과서들은 1945~1948년의 미·소 군정(軍政)시기의 역사 서술의 초점을 '소련은 한국(조선)의 자치기구를 그대로 인정하였고 미국은 직접통치를 시행하면서 일제 통치기구를 활용하였다'는 식으로 사실과 전혀 다르게 인식되게 만드는 데 맞추고 있다. 그것은 소련은 해방자이고 조선을 도와준 나라인 반면 미국은 제국주의이고 점령자였다는 잘못된 정반대의 서술을 북한의 서술방식대로 공유하기 때문이다.

1945년 이후 북한에서 펼쳐진 신의주, 함흥, 원산 등 소련의 야만적 약탈과 학살, 정치탄압과 민주적 국가로 탄생할 기회의 봉쇄라는 전 과정을 단 한 문장조차 기술하지 않고 있다. 대신, 미국의 대대적인 경제 지원과 민주공화제 국가로 가는 제도기반의 마련에 대해서는 단 한 차례의 언급도 없다. 실제 역사와는 정확히 반대되는 역사교과서가 만들어져 교육되고 있는 것이다.

북한은 미군정이 일제의 통치기구를 비롯해 일본관리와 친일관리까지 유임하여 일제청산에 나서지 않았던 것처럼 사실과 다른 강조를 반복하고 있다. 대한민국 교과서도 이를 수용해 '조선총독부의 관료와 경찰 조직을 유지'했다는 것을 강조함으로써 대한민국의 정통성을 부정하는 데 초점을 맞추고 있다. 북한이야말로 친일, 반일과 상관없이 공산주의 체제를 만드는 데 협조했는지 여부로 숙청과 학살을 저질렀던 사실을 감추고 있다.

또한 북한 역사서는 미군정이 자생적인 지방자치기관들, 각급 인민위원회들을 강제 해산시켰고, 박해하고 탄압했다고 제시하고 있다. 그런데 대한민국의 교과서들은 사실 검증도 없이, 사실과 완전히 반대로 '소련 군정은 북한의 자생적인 조직을 인정하고 자치가 가능하도록 간접통치를 한 데 반해, 미군정은 그와 같은 조직을 배제하고 직접통치를 했다'고 함으로써 미군정이 한국에 극도로 가혹했고, 분단을 의도했던 것처럼 사실과 정반대로 인식되도록 하고 있다. 미국을 일제 식민국가의 해방자로 서술하지 않고, 또 다른 제국주의이자 민족분단 획책자로 그려낼 수 있는 것은 거대한 왜곡이자, 공산전체주의 시각에 서지 않는

현대조선역사

김일성은 남조선에서의 단독정부수립음모를 분쇄하고 통일적인 민주주의 인민정부를 세우기 위하여… 남북조선의 모든 민주주의적 정당, 사회단체 대표들의 연석회의를 소집할 것을 다시 제기하였다.(p223~224)

남조선의 출판물이 쓴데 의하면 투표장에 끌려나온 군중은 〈투표치 않으면 완전히 좌익으로 몰아…〉이었다. 또한 이렇게 나온 군중은 붓뚜껑에 인주를 묻혀 그것을 〈후보자〉 이름 밑에 찍는 이른바 〈작대기수표〉를 하였으며 …(p277)

한 불가능한 서술방식인 것이다.

5. 대한민국 건국 폄훼와 정통성 부정

전세계의 모든 국가들 중 국민교육 교재인 교과서가 국가의 건국(정부수립)과정을 이렇게까지 비판적으로 기술한 교과서는 없다. 백제, 신라, 고려, 조선은 모두 건국(建國)이라 기술하고 그 위대한 의의를 설명하면서도, 오직 우리 민족이 만든 가장 근대적 국가이면서도 자유민주적 보편가치와 문명사를 바꿔놓은 성공한 국가인 대한민국에 대해서는 '건국'이란 표현 자체를 거부하고 '정부수립'이라 표현하면서 수많은 문제와 반대 속에 만들어진 정부처럼 폄훼와 비난으로 가득 차게 만들어 놓

대한민국 교과서

남한만의 총선거가 실시되어 남북이 분단될 위기에 처하자 김구와 김규식을 비롯한 중도세력은 북한과의 협상을 통해 통일된 정부를 수립하기 위해 김일성에게 남북한 정치 지도자 회담(남북 협상)을 제안하였다.(비상교육 p350)

통일 정부 수립 운동은 대한민국 정부가 수립된 이후에도 계속되었지만 김구가 암살되고 (1949.6), 막을 내렸다.(미래엔 p311)

1948년 4월 평양에서 김구, 김규식 등이 참여한 가운데 남북 제정당 사회단체 연석회의와 남북 정치 지도자 간의 회담이 열렸다(남북 협상). …남북 분단을 막지는 못하였다.(천재교육 p306)

전남 광산군 서방면 투표소(1948.5.10). 미군정은 투표율을 높이기 위해 투표자에게 식량 배급표를 지급하였다. 주머니를 다독이며 나오는 유권자의 모습이 보인다.(미래엔 p313)

았다.

북한에는 소련체제가 되면서 바로 정부체제가 만들어지고 공산혁명이 진행되었다. '민주 기지'라고 강변하는 것에서 보듯 소련과 김일성권력에 남은 과제는 북한체제를 기반으로 한반도 전체를 공산화시키고 소련의 위성국가로 끌고 들어가는 것이었다. 그런데도 북한역사서나 한국의 교과서는 모두 동일하게 1)한국의 정부수립은 정당성이 상실된 것이고 많은 반대와 문제가 있었던 것이란 점 2)한국 정부수립 이후 북한의 건국과 정부수립은 한국의 단독정부가 수립되어 통일정부가 포기됨에 따라 불가피하게 이루어진 것이란 주장을 뒷받침하는 데 초점이 맞춰져 있다.

소련 지시로 김일성 체제가 '주권 기관'이자 정부를 만들어 각종 공산혁명을 집행하기 시작한 기점은 이미 1946년 2월 8일이다. 소련과 조선 공산당은 북조선에 "각계각층의 대표들로 구성된 북조선 임시인민위원회가 창설"(현대조선역사 p185)되었고, "북조선임시인민위원회는 … 민주주의 민족통일전선에 의거한 인민정권으로서 인민민주주의독재의 기능을 수행하였습니다.〈김일성저작집〉"(현대조선역사 p186)라고 했다. 북한의 역사서는 북조선 임시인민위원회 수립으로 진정한 "인민정권이 북조선에 수립되었다"고 밝혀왔다.

동유럽 등 소련이 점령한 모든 다른 나라에서와 마찬가지로 소련은 이미 북한에 소련 위성 정부를 세워놓고, 그 정부와 영토를 포기할 의사가 전혀 없었다.

그럼에도 우리 교과서는 '최고인민회의가 개최되어 헌법이 제정'(천재교육 p311)되었다는 등 북한 역사서에서 기술된 대로 대한민국 정부 수립 후인 8월25일 '조선민주주의인민공화국' 정부 수립이 선포되었다고 서술하고 있다. 그럼으로써 대한민국은 분단정부를 만들었고 북한은 불가피하게 또 다른 정부를 수립하게 되었다는 선전용 서술을 그대로 차용하고 있다. 나아가 대한민국 정부수립에 대해서는 '정부수립을 전후한 갈등'(p309)과 같은 문제가 많았다는 표현을 쓰는 데 반해, 북한에 대해서는 '북한 정부수립 경축 집회'와 같은 사진(p311)을 제시하고 있다. 대한민국의 국가수립은 비난하고, 북한에서의 정부수립은 우호적으로 찬양하는 방식이다.

마찬가지로 대한민국 건국의 의의를 폄훼하기 위해 제주 4·3사건 등을 왜곡하여 설명한다. 북한 역사서는 제주 4·3 무장투쟁을 '매국적인 단독정부 수립' 반대이자 '통일정부 수립' 투쟁으로 제시하고 있지만 그

현대조선역사

매국적인 단독선거를 반대하여 결사적으로 싸웠다. … 제주도를 비롯한 남조선의 여러 곳에서 무장투쟁이 일어났다. 제주도인민들은 무장으로 반동경찰을 제압하고 〈선거〉를 완전히 분쇄해 버렸다.(p227)

본질은 남로당의 주도 하에 전개된 투쟁으로 대한민국 최초의 자유민주적 총선거인 5·10 선거를 방해하고 대한민국 정부 수립을 좌절시키기 위한 것이었다. 단독정부 반대와 통일정부 수립이란 곧 공산혁명의 전국화를 의미하는 것이고 한반도 전체의 전체주의화에 있었던 것임에도 우리 교과서는 제주 4·3사건을 북한의 역사서술체계를 충실하게 따르고 있다.

6. 있지 않았던 북의 친일(親日)청산과 토지개혁을 미화

친일청산(親日淸算)이란 곧 한반도에서 일본 제국주의와 군국주의 체제를 자유민주 체제로 바꾸는 것이고 일본 주도적 경제사회를 민족 주도적 산업경제로 만드는 것이다. 대한민국은 근대 민주공화제를 만들고 개방적 민족산업 체제와 민족문화를 번영시켰다는 점에서 친일체제를

대한민국 교과서

경찰이 오히려 주민들을 탄압하자 1948년 4월 3일 남로당 제주도당은 주민들에 대한 탄압 중지와 남한만의 단독 선거 반대 등을 주장하며 무장봉기하였다.(비상교육 p351)

제주도의 좌익 세력은 5·10 총선거를 앞두고 단독 선거 저지와 통일 정부 수립을 내세우며 무장봉기하였다(1948.4.3). 미군정은 무력 진압을 시도했지만, 3개 선거구 중 2곳에서 선거가 실시되지 못하였다.(미래엔 p312)

미군정에 대한 반감이 높아졌다. … 1948년 4월 3일 제주도에서는 남한만의 단독 선거 반대와 통일 정부 수립을 주장하는 무장 봉기가 일어났다.(천재교육 p309)

가장 잘 청산한 나라이고 독립체제를 굳건히 한 나라다.

반면 북한에서는 전체주의와 폐쇄주의가 계속됨으로써 일본 군국주의에서 소련 군국주의로 전환되었을 뿐 어떤 청산도 없었다. 그런데도 우리 교과서는 일본 군국주의보다 더한 소련 군국주의와 김일성 가계의 전체주의적 지배를 감추고 일본에 협조했던 사람을 처벌했냐, 안했

현대조선역사

미제는 군정을 실시하면서 일제의 식민지통치기구를 그대로 존속시켰다. … 미제는 일제의 통치기구들을 존속시키면서 경찰을 비롯한 일본관리들과 친일조선인관리들을 유임시켰으며 일제식민지통치시기 법률까지도 그대로 적용하였다.(p174)

미제는 … 친일파, 민족반역자 등 반동분자들을 집결시키기에 급급하였으며 그들을 군정기관내에 끌어들여 식민지통치의 정치적 지반으로 삼았다.
미제는 대지주이며 친일자본가이며 제2차세계대전 때 조선청년들이 일본을 위하여 많은 피를 흘릴 것을 선전하던 민족반역자 김성수를 비롯하여 한국민주당(…)계열의 반동분자들을 군정고문으로 임명하였으며 대법원장, … 모두 친일매국노들로 채웠다.(p175)

북조선에서 심히 위축되어 있던 친일파, 민족반역자들, 예속자본가들도 미제의 이러한 반동정책에 기대를 걸고 머리를 들려고 하였으며 적지 않은 자들이 남조선에 도망쳐 갔다.(p176)

… 지주, 예속자본가, 친일파, 민족반역자들이 청산되고, 근로인민이 나라의 주인으로 되었으며 …(p196)

냐를 가지고 다투는 내용으로 채워놓고 있다. 친일청산의 민족적, 보편 가치적 의미를 전혀 반대로 해석하고 있다. 북한에서 친일자에 대한 법, 조사, 심판 및 처벌이 없었던 것에 대한 비판은 일체 없으면서, 대신 대한민국에서 진행된 친일청산에 대해 실패했고, 청산과정에 문제가 많았고 그랬기에 대한민국은 정당성이 없고 '민족정기'가 상실된 나라가 되

대한민국 교과서

광복 직후 일제에 협력한 친일파를 처벌하여 사회 정의를 바로 세우자는 여론이 거세게 일어났으나, 미 군정의 친일 관료 유지 정책으로 인해 즉각적인 친일파 청산은 이루어지지 않았다. 제헌 국회는 국민의 여망에 따라 반민족 행위 처벌법(1948)을 제정하고, 반민족 행위 특별 조사 위원회(반민 특위)를 설치하였다. …
그러나 반민족 행위자 처벌보다 반공을 더 중요하게 여긴 이승만 정부는 반민 특위 활동에 비협조적이었다. 반민 특위 소속 국회의원들 중 일부가 공산당과 접촉했다는 구실로 구속되었고(국회 프락치 사건), 독립운동가들을 고문한 혐의로 고위급 경찰이 체포되자 일부 경찰들이 반민 특위 사무실을 습격하는 사건마저 발생하였다. … 친일파 청산이 제대로 이루어지지 못하였다.(비상교육 p352)

… 식민 지배에 협력했던 민족 반역자를 청산하는 것은 민족정기를 바로잡기 위해 꼭 필요한 일이었다. 그러나 미군정은 이를 외면하고 오히려 친일세력을 비호하였다. … 경찰들이 반민특위를 습격하는 일도 벌어졌다. 결국 반민특위가 해체되어 민족정기를 바로잡는 과제는 뒤로 미뤄졌다.(미래엔 p314)

탐구활동: 가상 포스터로 보는 광복 직후 남한 주요 정치 세력의 성향
반민족 행위자 청산에 소극적인 인물과 정당은?(미래엔 p315)

… 임시 인민 위원회는 친일 민족 반역자 및 지주의 5정보 초과 토지를 무상 몰수하여 농민에게 무상 분배하는 토지 개혁을 실시하였다.(미래엔 p315)

었다는 인식을 강조하는 데 초점을 맞추고 있다.

김일성 체제는 친일 및 일제청산을 하지 않았고 오로지 소비에트
(Soviet) 공산화를 완성하기 위한 인민학살과 재산 강탈만 있었을 뿐이
다. 일본 군국주의보다 더 가혹한 전체주의를 만들어내는 데 주도했다.

소비에트화를 추진하기 위해 민주개혁(p187, p196)이라는 명분으로

대한민국 교과서

… 김일성이 북조선 임시 인민 위원회 위원장이 되면서부터 실질적인 북한 정권 수립 작업이 진행되었다(1946.2). 임시 인민 위원회는 친일 민족 반역자 및 지주의 5정보 초과 토지를 무상 몰수하여 농민에게 무상 분배하는 토지 개혁을 실시하였다(1946.3).(미래엔 p315)

1946년 3월 북한은 무상 몰수, 무상 분배 방식으로 토지개혁을 단행하였다.
1949년 제헌 국회는 … 농지 개혁법을 공포하였다. 농지개혁 방식은 '유상 매수, 유상 분배'였다. … 농지개혁을 하기 전에 적지 않은 지주들은 땅을 팔았고, 일부 농민들도 토지 대금을 제때에 갚지 못하거나 분배받은 땅을 다시 팔기도 하였다.(두산동아 p276)

탐구 활동 3. … 남한과 북한의 토지 개혁에 관한 법이다.(두산동아 p277)

사진 설명: 북한의 토지 개혁 – 조선 총독부 및 일본인 소유지, 친일 세력과 5정보 이상 지주의 소유지를 몰수하여 농민에게 무상으로 분배하였다. 이는 사회주의자들이 세력을 확장할 수 있는 토대가 되었다. (천재 p311)

농지를 제외한 토지는 개혁 대상에서 제외되었고, 반민족 행위자의 토지 몰수 조항은 포함되지 않았다. 유상 분배에 따른 부담으로 농민이 농지를 되팔고 다시 소작농이 되는 경우도 있었고 … 중소 지주층이 산업 자본가로 전환되지 못하고 몰락하였다.(미래엔 p314)

공장, 토지, 건물, 광산, 과수원 등을 가진 사람의 재산을 빼앗고 친일파로 몰아갔을 뿐이다. 단 한 명의 친일파에 대한 실명과 죄목도 거론하지 않고 있는 실정이다. 오히려 친일청산작업은 대한민국에서 법률과 재판에 따라 진행되었고 김연수, 박흥식, 최남선, 이광수 등 수많은 사람들이 친일과 관련해 법률적, 도덕적 심판대에 서야 했다.

그럼에도 우리 교과서는 한국에서 친일파가 청산되지 않았다고 비판하며 대한민국의 정통성의 기반을 근본적으로 부정하고자 한다. 반면, 북한에 대해서는 민주개혁으로 개인재산을 강제 국유화한 공산화를 가지고 개혁이 이루어졌다며 전체주의 체제화 과정을 미화시키고 있다.

북한에서 친일파나 민족반역자란 공산혁명을 거부하는 자이거나 소련의 학정(虐政)에 대한 저항자를 처단하기 위한 방편이자, 지주와 농민 간의 계급투쟁의 수단으로 활용되고 있었다는 역사적 사실은 전혀 언급조차 하고 있지 있다.(전현수, p15) 결과적으로 우리 교과서는 김일성 체제의 역사적 정당성을 옹호하면서 다른 한편으론, 대한민국은 '민족정신에 토대를 둔 나라'가 될 수 없는 것처럼 인식하고 교육하게 만드는 반(反)대한민국적 역사교과서인 것이다.

소위 북한에 있었던 '토지개혁(土地改革)'도 그 실체적 내용은 재산 뺏기라는 공산화 과정의 첫 단계로서의 '토지재편'이었을 뿐이다. 북한에서 실시되었던 것은 그 본질이 토지를 재편하여 농민에게 일시적인 경작권 배분을 한 이후, 연이은 협동농장화와 국영농장화라는 공산주의 체제를 만드는 일련의 과정이었을 뿐이다.

반면 한국에서는 실질적 토지개혁이 있었고 그에 따라 계층구조의 변화와 산업구조의 변화, 그리고 토지생산성의 혁명적 변화가 있었다. 그런 면에서 북한의 토지개혁은 공산전체주의화였고, 한국에서의 농지개혁은 세계사적인 성공사례였다. 하지만 우리 교과서는 이를 정반대로 기술하고 있다.

공산화였던 북한의 토지분배는 성공적이고 역사적 의의가 있었던 것처럼 왜곡 서술하고, 가장 성공적인 세계사적 예가 되는 대한민국의 농지개혁은 수많은 문제점을 가진 것으로 우리 교과서는 서술하고 있다. 한국의 농지개혁은 농민대중을 무마하기 위해 실시된 것으로 철저히 실패한 토지개혁이었다는 데 초점을 맞추고 있다.

그러나 한국의 농지개혁으로 한국사회에는 봉건적 소작제도와 지주계급이 근본적으로 해체되었으며 지주계급이 한국사회에서 기득권 계급으로 남아있지 못하였다. 농지개혁으로 소작지였던 전체 농지개혁 대상 농지 151만 정보(町步) 중 45%인 68만 정보는 토지개혁 전에, 그리고 나머지 35.8%인 54만 정보는 토지개혁을 통해 총 대상토지의 81%가 경작자에게 돌아갔다. 공산화를 전제로 한 국가가 아니고서는 세계적으로 유래가 없는 '혁명적' 토지개혁이었던 것이다.

그럼에도 한국 교과서는 공산주의식 무상분배가 아닌 유상분배였기에 "농민이 농지를 되팔고 다시 소작농이 되는 경우"도 있었다는 식으로 제시하고 있다. 마지못해 이뤄진 농지개혁이었고, 결국 잘못되었고 실패했다고 부각시키고자 한 것이다.

반면에 토지개혁도 아니고 토지소유권의 박탈이자 공산화였던 북한의 '토지개혁'에 대해서는 비판 없는 긍정이다. 개인소유권 박탈을 통한 전체주의 체제를 만드는 소비에트화(Sovietization)를 농지개혁이라 말하고 대대적 성공을 거둔 것으로 묘사하면서, 거꾸로 세계적 성공모델인 한국의 농지개혁은 실패했다고 하는 것이 우리 교과서의 서술방식이다.

7. 6·25 침략전쟁 호도

대한민국 역사교과서는 1950~1953년에 있었던 세계사적이고도 민족사적인 6·25전쟁의 본질을 이해할 수 없게 만들어놓고 있다. 소련과 중국, 북한 등의 공산주의 체제가 자행한 자유민주 체제에 대한 침략으로, 전체주의와 제국주의의 확장전쟁이란 사실 인식을 전혀 할 수 없게 서술해놓고 있다. 나아가 침략 주체를 모호하게 하기 위해 침략전쟁의 성격을 전혀 서술하지 않고 상호간에 잦은 충돌이 있었고 그 충

현대조선역사

미제와 이승만정권은 1949년 한 해 동안에만도 38도선에서 무려 2617차례의 무장침습을 감행하였다. … 이 지역들에 대한 무력침범은 그 치열성과 규모에 있어서나 전선의 넓이에 있어서 사실상의 전쟁도발행위였다. 바로 그렇기 때문에 서방출판물들은 후에 그것을 38도선에서의 〈작은 전쟁〉이라고 불렀다.(p251)

이와 같이 1949년에 38도선에서는 미제에 의하여 공화국북반부를 공격하는 〈작은 전쟁〉이 계속 일어나고 있었다.(p253)

돌이 전쟁으로 비화되었다는 양비론적 시각으로 몰아가고 있다. 비록 우리 교과서가 대한민국이 북한을 먼저 침략했다는 논리까지 차용하고 있지는 않지만 그것을 제외한 나머지의 모든 내용은 북한의 역사인식을 옮겨 놓고 있다. 북한의 침략으로 저질러진 수백만 우리 민족의 희생과 인민군이 자행한 대량 학살, 그리고 중공군의 참전으로 불가능해진 통일이나 중국에 의한 우리 민족의 희생에 대한 일체의 서술을 배제하고 있다.

대한민국 교과서

남북은 각각 북진 통일과 적화 통일을 내세우며 옹진 반도를 비롯한 38도선 부근에서 잦은 무력 충돌을 빚고 있었다.(미래엔 p316)

남북한 정부는 군대를 정비하고 강화하기 위해 노력하였다. … 38선 일대에서는 하루가 멀다 하고 크고 작은 군사적 충돌이 일어났다.(두산동아 p278)

자료로 보는 역사 : 38도선을 경계로 잦은 충돌이 일어나다(두산동아 p278)

… 38도선 일대에서도 크고 작은 무력 충돌이 빈번하게 일어났다.(천재교육 p312)

남한과 북한의 대립은 38도선 부근에서의 잦은 무력 충돌로 나타났다.(비상교육 p354)

탐구활동 자료: 6·25 전쟁의 증언
… 동기로 본다면 인민 공화국이나 대한민국이나 조금도 다를 바 없을 것이다.(미래엔 p317)

남과 북에 수립된 양측 정부는 각기 자신이 권력을 장악한 지역을 토대로 나머지 지역을 통합하겠다는 전략을 추진하였다.(천재교육 p312)

북한의 역사서가 기술하는 방식인 '작은 전쟁론'을 통해 그들이 저지른 전면적 침략전쟁의 본질을 호도하는 것이다. 북한은 분단 이후 남한이 일으킨 〈작은 전쟁〉이 수없이 발생하였고 그것은 사실상의 '전쟁도발 행위'라고 강변해 왔다. 명백한 전면 침략전쟁을 앞에 두고 같은 민족을 대상으로 누가 불법적 전면적 침략전쟁을 했느냐는 것을 묻지 말자는 논리다. 누가 먼저 총을 쏘았는가는 중요하지 않다는 집요한 전략의 일환이었다. 사실상의 전쟁이 계속되고 있었고 한국전쟁은 크기나 규모만 다를뿐 그 연장선에 있다는 것이었다.

대한민국 교과서는 이런 김일성주의의 논리를 충실히 따르고 있다. 남북 간에 '크고 작은 충돌이 빈번하게 일어났다'고 강조했고, 또 '하루가 멀다 하고 크고 작은 군사적 충돌이 일어났다'고 반복해 서술하고 있다. 그리고 객관적 사실에 대한 검증도 없이 마치 객관적인 제3자적 서술인 것처럼 "동기로 본다면 인민 공화국이나 대한민국이나 조금도 다를 바 없을 것"(미래엔 p317)이라고 서술하고 있다. 김일성주의와 공산주의에 의해 도발되고 희생당한 민족사적 비극은 그 어디에도 보이지 않는다. 우리 역사교과서는 단지 북한 전체주의 교과서의 한국판인 이유가 이런 것이다.

8. 냉전과 경제 피폐화를 미국책임으로 서술

북한의 역사서는 미국과 대한민국에 대한 관계를 제국주의 국가와 식민지 관계로 보고, 대한민국을 미국의 예속(隸屬)국가라고 서술하고 있다.

대한민국 교과서는 이런 역사서술 논리를 충실하게 따르고 있다. 미국에 대한 기술은 악의적이고 부정적인 왜곡이 주를 이루고 있다. 미국의 원조에 대해서도 인도주의적 목적이 있었다는 데 그치지 않고, 농산물 원조도 과잉 농산물 내지 잉여 농산물을 제공한 것이고, 그것도 미국 내 농업공황을 막기 위한 것이라고 그 의미를 정반대로 인식시키는 데 주력하고 있다.

사실상 미국의 원조는 전후 복구와 이후 경제발전에 커다란 도움이 되었다. 1960년대 미국의 원조량은 한국 총생산량의 9%대에 달했으며, 미국의 한국에 대한 투자는 모든 외국인 투자액의 3분의 2를 차지했으며 우리 수출의 50% 이상이 대미(對美) 수출이었다. 1971년까지 126억 달러에 달하는 원조를 했다.

그럼에도 우리 교과서는 미국에 대해 악의적 반미(反美)주의를 목표로 서술하고 있다. 미국에 대한 긍정적 표현을 거의 찾을 수 없다. 미국의 원조에 대해서도 잉여 농산물 내지 과잉 생산물을 제공(미래엔 p321, 천재교육 p316)했다거나 농업 기반을 약화시켰다(비상교육 p359, 두산동아 p284)고 부정적인 평가로 일관하고 있다.

마찬가지로 대한민국 교과서는 〈냉전이 전개되다〉와 같은 소제목 하에 동유럽, 그리스, 터키 등에서 계속된 소련 전체주의의 팽창을 언급하지 않은 채 북대서양조약기구의 강화나 미국 내지 서방 측의 견제가 선행되었고, 그에 대한 소련의 대응이 있었던 것처럼 서술해, 냉전이 미국의 위협 때문인 것으로 제시하고 있다. 또 교과서 내 그림이나 '생각 넓히기' 등 참고 내용을 통해 스탈린과 트루먼, 스탈린과 매카시 등을 함

현대조선역사

미제는 전후 식민지군사기지화정책을 실현하기 위한 침략책동의 한 고리로서 … 그들의
침략적 목적을 실현하기 위하여 무엇보다도 〈원조〉를 더욱 중요한 침해수단으로 이용하는
한편 미국독점자본을 끌어들여 남조선경제에 대한 지배권을 강화하는 조치들을 취하였
다.(p453)

남조선에 대한 미국의 원조는 그 대부분이 국방군 무장과 군사시설에 돌려졌고 나머지는
미국과잉상품을 끌어들이는 데 돌려졌다.(p454)

전후 날로 강화되는 미제의 식민지예속정책과 이승만일당의 매국매족 행위로 말미암아 남
조선에서 민족적 및 계급적 모순은 더욱 첨예화되었으며 … (p456)

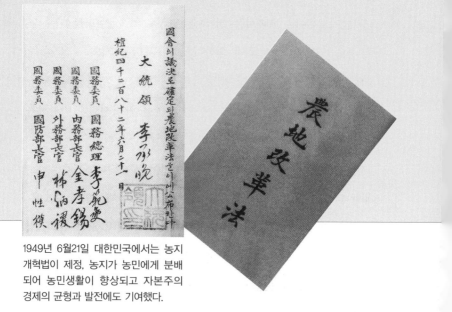

1949년 6월21일 대한민국에서는 농지
개혁법이 제정, 농지가 농민에게 분배
되어 농민생활이 향상되고 자본주의
경제의 균형과 발전에도 기여했다.

··· 미국에서 대량의 농산물이 들어오면서 식량 문제는 다소 해결되었지만 국내 농산물 가격이 폭락하였다. 그 결과 농촌에서 실업이 증가하는 등 농업 기반이 약화되었다.(비상교육 p359)

부산항에서 원조 물자를 내리는 모습: 미국의 원조는 ··· 미국 내 누적된 잉여 생산물을 처리하여 만성적인 농업 공황을 해결하려는 목적도 있었다.(비상교육 p359)

··· 한국 정부는 생산재를 희망했지만, 미국은 잉여 농산물을 제공하였다. 이에 잉여 농산물을 가공하는 삼백 산업이 발달했으나, 철강과 기계 등 생산재 산업의 성장은 저조하였다.(미래엔 p321)

한국사 백과: 무상 원조, 세상에 공짜는 없다
미국의 원조 농산물은 국내의 식량 문제를 해결하는 데 큰 도움이 되었다. 그렇지만 필요 이상으로 들어온 미국의 농산물은 우리의 농촌 경제에 위협이 되기도 하였다. 특히 보리와 밀, 면화 등이 가격 경쟁에 밀려 우리 농촌에서 점차 사라져 갔다.(미래엔 p321)

생각 넓히기: 원조 경제가 끼친 영향은?
··· 원조 정책에는 인도주의적인 목적과 함께 공산주의 확산을 막기 위한 정치적 고려도 깔려 있었다. ··· 독일의 경우에 비해 한국은 농산물 원조가 중심이었다. ··· 하지만 필요 이상으로 들어온 농산물로 국내 곡물 가격이 하락하여 농촌 경제는 어려움에 빠졌다.(두산동아 p284)

생각 넓히기
··· 미국의 원조는 자국에서 과잉 생산된 농산물을 소비하고, 원조국에 대한 지원금을 충당하기 위한 정책이기도 하였다.(천재교육 p316)

께 제시하며 양비론적 시각을 갖도록 유도하고 있다. 국민들에게 미국에 반감을 갖도록 함으로써, 한미동맹의 의의나 대한민국 60여 년사를 함께 한 미국과 미군에 대한 반감을 조성하려는 의도를 내포하고 있다.

9. 이승만 대통령의 부정과 김일성에 대한 옹호

우리 교과서에는 대한민국의 첫 대통령이자 민족사 최초로 자유민주체제와 민주공화제 시대를 만드는 데 기여한 이승만 대통령의 공적이 일절 서술되지 않고 있다. 봉건제와 식민제를 넘어 공산전체주의와 대결하며 대한민국의 길을 열기 시작한 이승만 대통령과 정부는 '정권 연장'을 꾀하고 '탄압'을 자행했으며, 상해 임시정부에서는 '탄핵'을 받은 대통령이자 독립운동 때부터 문제—혼란과 혼선—를 불러일으킨 인물로 그려내고 있다.

전세계 역사교과서에서 건국 대통령이 한국처럼 서술된 나라를 찾기 어려울 뿐만 아니라 성공한 나라의 성공한 길을 열어간 지도자에 대해 역사교과서가 사실 왜곡적 비난을 천편일률적으로 감행한 사례 역시 찾기 어렵다.

반면 김일성은 민족지도자나 국가지도자로서의 업적이자 자질이 전혀 없었고 단지 소련이 북한을 통치하기 위해 만들어낸 인물임에도 불구하고, 우리 역사교과서는 그런 설명을 단 한 줄도 언급하지 않고 합법적 절차를 거쳐 내각 수상이 되었고, 김일성 주도로 '토지개혁' 등 개혁조치와 '민족반역자' 처벌 등의 민족적 조치를 추진한 것은 물론 김구, 김규식 등과 '통일정부 수립'을 향한 노력을 끝까지 수행한 인물로 장황하게 서술하고 있다.

민족을 유린하고 문명을 파괴한 독재자를 이렇게까지 미화할 수 있다는 것은 우리 역사교과서의 방향이 반(反)대한민국적인 것은 물론이고 헌법적 근거나, 인류보편적 가치에 근거하지 않았다는 것을 명확히 보여주는 것이다.

북한 역사서의 서술은 초대 대통령인 이승만을 '미제의 주구'로 '정권을 조작'하고 '매국'을 일삼으며 '파쇼'와 '독재'정치를 만든 장본인으로 기술하는 데 목적을 두고 있다. '파쇼적 법질서'를 강요하고 '탄압'하였으며 '초보적 민주주의'도 아니라는 비난에 모든 초점을 맞추고 있다. 대한민국 교과서도 북한 역사서 못지않게 부정적으로 기술하고 있다. 이승만 대통령을 '장기집권', '독재정치', '부정부패' '민중요구에 소극 대처' 그리고 '권력 독점' 등의 범주 안에서 서술하고 있다.

한국 교과서는 이승만 초대 대통령이 구한말부터 시작, 장기간에 걸친 독립운동을 이끌어온 사실이나 대한민국을 건국하고 우리 민족 최초의 자유민주주의를 만들기 위해 노력했던 내용은 없다. 오히려 북한의 도발이 계속되는 가운데 대한민국의 자유민주주의와 시장경제를 안착시키기 위해 필수적이었던 상황에서 '공산 전체주의'와 맞서야 했던 상황을 "반공을 앞세워 정권 연장에 힘썼다"(비상교육 p358)거나 "적개심과 공포심을 부추겨 자신들의 장기 독재체제를 강화했다"고 주장한다.

또한 "1950년대 아시아 최고 높이를 자랑하였다"(미래엔 p320)면서 이승만의 동상을 김일성의 우상화와 같은 수준으로 제시하고 있다. 그외에도 국민 대표 회의 이후 탄핵(두산동아 p244)되었다거나 혼란과 곤 미제는 이것으로도 마음 안놓여 저들의 오랜 주구인 이승만을 급히 미국으로부터 끌어들여와 반동의 주축으로 삼았다.(p175)

미제와 이승만정권은 남조선정권을 조작한 후 남조선에 대한 식민지예속화 정책을 〈합법화〉하기 위한 여러 가지 〈협정〉들을 체결하였다.(p240)

… 이승만의 추악한 매국책동으로 말미암아 남조선에서는 정치경제적 위기가 날이 갈수록 격화되었다.(p452)

이승만정권이 토지개혁을 요구하는 남조선 농민대중을 무마하기 위하여 실시한 〈농지개혁〉은 오히려 큰 후과를 남기고 남조선인민들을 걷잡을 수 없는 파산으로 몰아넣었다. … 〈분배〉받은 토지까지 지주와 부농에게 도로 빼앗기게 되었다.(p454)

조봉암을 당수로 하는 진보당은 반제, 반파쇼, 평화통일을 기본내용으로 하는 투쟁강령을 내놓고 각계각층의 애국적 민주주의 역량을 묶어 세우며 미제와 그 앞잡이들의 민족분열정책과 파쇼정책을 반대하는 적극적인 투쟁을 벌였다. …
겁을 먹은 미제와 그 앞잡이들은 유혈적인 탄압책동을 벌여 수많은 진보당 당원들을 체포 투옥하고 그 당수 조봉암을 학살하는 야수적 만행을 감행하였으며 …(p457)

진보당 당수 조봉암은 북한 간첩과 내통했다는 혐의로 대법원에서 사형선고를 받았고, 1959년 7월 사형이 집행되었다.

이승만 정부는 반공을 앞세워 정권 연장에 힘썼다.(비상교육 p358)

이승만 정부는 반공을 강조하며 북진 통일론을 주장하였다. 이로 인해 당시 평화 통일론을 주장한 진보당이 탄압받기도 하였다.(비상교육 p389)

이승만, 장기 독재 체제를 추구하다
… 이승만 정부가 각종 비리를 저지르고 반민족 행위자를 옹호하여 국민의 기대를 저버렸기 때문이었다.(미래엔 p320)

… 특히 남북의 두 지도자 이승만과 김일성은 적개심과 공포심을 부추겨 자신들의 장기 독재 체제를 강화하였다.(미래엔 p352)

이승만의 장기 집권과 전후 복구 … 이승만 정부는 어떤 방법으로 장기 집권을 하였을까? 개헌과 이승만의 장기 집권(천재교육 p315)

이승만 정부, 장기 집권을 꾀하다(두산동아 p290)

역사 퍼즐(가로 열쇠)
2. 남쪽만이라도 먼저 정부를 세우자는 이승만의 주장 ○○ 발언
9. 이승만이 장기 집권을 위해 6·25 전쟁 중에 만든 정당(천재교육 p362)

남산의 이승만 동상 1950년대 아시아 최고 높이를 자랑하였다.(미래엔 p320)

상하이의 대한민국 임시 정부는 국민 대표 회의 이후 이승만의 탄핵, 자금난과 인력의 부족 등이 겹치면서 어려움에 빠져 있었다.(두산동아 p244)

재미 한족 연합 위원회가 임시 정부에 자금을 송금하고 보낸 전보—
… 이승만 박사의 동지회는 1943년 12월 23일에 재미 한족연합위원회에서 탈퇴하였으며 정신적·재정적·정치적으로 적지 아니한 혼란과 곤란을 일으켰습니다. 1944년 1월부터 본 위원회는 이승만 씨에 대한 일체 원조를 단절하였으므로 워싱턴 외교 위원부는 임시 정부로부터 새로운 조직이 있기 전까지는 본 위원회는 그 후원을 정지합니다.(미래엔 p299)

란을 일으켰다면서 이승만 대통령을 폄훼할 수 있는 내용(미래엔 p299)으로 채워 넣고 있다.

북한의 역사서는 일제 무장투쟁부터 현재에 이르기까지 모든 핵심적

현대조선역사

김일성은 북조선 임시인민위원회 위원장으로 추대되었다.(p185)

김일성은 당을 창건하고 인민정권을 세운 다음 곧 인민민주주의적 개혁으로 정당과 인민정권기관들, 전체 인민을 총동원시켰다.(p187)

첫 민주개혁으로서 토지개혁이 실시되었다.(p187)

토지개혁법령은 … 토지의 몰수 및 분배 원칙을 규정하였는데 그 기본내용은 다음과 같다. – 일제의 소유토지와 친일파, 민족반역자들의 소유지 및 5정보 이상을 가진 지주의 토지, 계속 소작을 주고 있던 모든 토지를 무상으로 몰수하여 토지가 없거나 적은 농민들에게 무상으로 나누어주어 그들의 소유로 한다.(p188)

그는 회의 후에 남조선에 나가 자기의 결의를 실천하기 위해 싸우다가 1949년 6월에 이승만이 밀파한 육군소위 안두희에게 피살되었다.(p226)

남북연석회의를 통하여 남북조선의 애국적 민주역량은 더욱 튼튼히 결속되었으며 김일성의 영도밑에 망국 단선을 반대하는 통일위업을 성취하기 위한 성스러운 구국투쟁을 더욱 힘있게 벌였다.(p226)

역사적인 남북총선거에 기초하여 1948년 9월 2일 최고인민회의 제1차회의가 소집되었다. 김일성은 회의에서 조선민주주의인민공화국 내각수상으로, 국가수반으로 추대되었으며, 9월 9일 조선민주주의인민공화국 창건을 온 세상에 선포하고 …(p231)

사건의 중심에 김일성을 두고, 긍정적인 역할을 해온 것으로 서술하고 있다. 물론 한국의 교과서가 이러한 북한의 역사 서술을 전부 그대로 따르고 있는 것은 아니지만, 이승만 대통령과 함께 양비론을 전개하거

대한민국 교과서

김일성이 북조선 임시인민위원회 위원장이 되면서부터 실질적인 북한 정권 수립 작업이 진행되었다. 임시 인민위원회는 친일 민족 반역자 및 지주의 5정보 초과 토지를 무상 몰수하여 농민에게 무상 분배하는 토지 개혁을 실시하였다(1946.3).(미래엔 p315)

남북협상의 추진
… 남북에 각기 다른 정부가 들어서고 김구가 암살되면서 남북 협상은 실패하였다. … 남한만의 총선거가 실시되어 남북이 분단될 위기에 처하자 김구와 김규식을 비롯한 중도 세력은 북한과의 협상을 통해 통일된 정부를 수립하기 위해 김일성에게 남북한 정치 지도자 회담(남북 협상)을 제안하였다.(비상교육 p350)

김구와 김규식은 김일성, 김두봉 등과 함께 통일 국가 수립을 위해 남한 단독 선거에 반대한다는 공동 성명을 발표하였다(1948.4) … 통일 정부 수립 운동은 대한민국 정부가 수립된 이후에도 계속되었지만 김구가 암살되고(1949.6), 막을 내렸다.(미래엔 p311)

대한민국 정부가 수립된 후인 8월 25일 이북 지역에서 최고 인민 회의 선거가 진행되었다. 이를 바탕으로 1948년 9월 제1차 최고 인민 회의가 개최되어 헌법이 제정되고, 김일성이 수상으로 선출되었다. 곧이어 9월 9일 내각이 구성되고, 조선 민주주의 인민 공화국 정부 수립이 선포되었다.(천재교육 p311)

김일성 1인 체제의 형성
… 김일성은 북한의 정치권력을 독점하는 과정에서 '주체'를 강조하는 한편, 중국 소련과의 사이에서 독자 노선을 걷기 시작하였다.(천재교육 p318)

나 완화된 표현을 사용해 서술하고 있다. 김구가 암살되지 않았으면, 김일성이 통일정부 수립에 협조했었을 것처럼 기술하는 것이나 극도의 독재체제를 유일 지배체제라는 주체사상식으로 표현하고 있는 것도 그런 예들의 하나다.

북한은 이미 남북협상이 이뤄지기 전에 정권이 수립되어 있었고, 1차 최고 인민 회의 때 제정되었다는 헌법 또한 소련 스탈린(Stalin)의 초안을 토대로 소련군정 관리들이 준 것을 번역한 것일 뿐이었다. 또한 '주체'라는 것이 단지 구호로만 존재하고 실제로는 소련의 해체로 지원이 중단되기까지 중국과 소련의 원조를 받아 왔던 점을 외면하고, 주체를 강조하고 독자 노선을 걷기 시작했다고 왜곡하고 있는 것이다.

더구나 주체사상에 대해서조차 우리 교과서는 대체적으로 인정하면서 부분적으로만 문제제기하고 있다. 개인숭배적 유일사상체계로 온 민족을 세뇌시키는 과정에서 주체사상이 나오게 된 상황에 대한 비판적 시각도 없다. 심지어 교과서는 주체사상과 관련하여 "사상에서의 주체, 경제에서의 자립, 정치에서의 자주, 국방에서의 자위를 표방하며 이론적으로 체계화되었다"(비상교육 p386)고 비판 없이 개인숭배적 시각을 그대로 전달하여 소개하고 있다.

10. 남북한 경제번영에 대한 상반된 기술

북한의 역사서는 세계사적인 성장을 기록하며 번영을 구가한 한국의 경제를 파탄상태로 제시하며, 그와 같은 결과가 미국과 일본에의 종속경제, 예속경제와 그에 복무하는 재벌 중심의 독점 자본주의적 경제 때문이라고 호도(糊塗)한다.

반면에 북한의 경제는 김일성이 제시한 방침과 지도력에 따라 훌륭하게 진행되었으며, 심지어 조기에 초과 달성되어 인민들의 삶이 개선되었다고 서술하고 있다.

그런 서술은 우리의 한국사 교과서에서도 큰 차이가 없다. 물론 한국의 경제성장을 부정하지 않지만, 객관적인 지표를 통해 나타나는 한국 경제의 발전상과 국민의 삶의 질 향상, 그리고 세계사적인 성공적 업적을 서술하기보다는 한계와 문제점을 부각시킨다. 한국경제를 설명하면서 북한이 쓰는 '독점자본'과 '재벌'이란 용어를 반복해 사용하고 있으며, '의존'이란 표현을 수도 없이 지속적으로 반복하고 있다. 어떻게든 성공한 한국경제도 '의존', '종속'경제로 인식시키겠다는 의도를 보이고 있다.

다른 모든 나라가 높게 평가하는 세계 수준의 한국 대기업을 문제 삼으며 '문어발식 경영'이나 '족벌경영' 등을 언급한다거나 재벌 기업의 성장은 대부분 정경유착에 따른 것이었다고 표현한다. 우리 경제를 '불균형', '지나친 재벌중심', '정경 유착' 그리고 '민주화가 필요한' 경제체제로 서술하고 있는 것이다.

반면 북한의 경제에 대해서는 북한의 역사서술과 마찬가지로, "북한은 당시 미군과 대치하고 있는 현실에서 쿠바 위기를 보며 군사력을 증강할 필요를 느끼고 경제와 국방 건설을 함께 추진하였다"거나 "군사력 경쟁이 남북한의 경제에 걸림돌이 되었다"(두산동아 p282)는 식으로 서술하고 있다. 개발도상국의 모델이 된 '새마을운동'의 의의보다는 북한

〈적산〉이라는 명목밑에 약탈한 재산의 일부를 그들에게 아부하는 자본가, 투기업가들에게 헐값으로 넘겨주고 그들에게 미국잉여상품의 도매와 무역에서의 특권을 보장해 줌으로써 예속자본가의 집단을 만들어냈다.(p219)

남조선경제의 파국적 위기로 하여 남조선인민들의 생활은 극도로 영락되었다. … 말할 수 없는 참혹한 처지에 빠지게 되었다…가렴잡세와 고리대에 시달리게 되었으며 채무노예로 굴러 떨어졌다.(p455~456)

김일성은 … 경제건설과 국방건설을 병진시키는 데 대한 전형적 방침을 제시 … 〈 … 특히 원수들의 침략책동에 대비하여 국방력을 더욱 강화할 수 있도록 … 〉 … 경제발전과 인민들의 생활향상에 많은 제약을 받으면서도 조국보위를 위하여 경제건설과 함께 국방건설에 큰 힘을 돌리지 않으면 안되었다.(p389)

미제국주의자들의 우심해지는[더욱 심해지는] 전쟁도발책동으로 말미암아 우리나라에서 정세가 전례없이 긴장되게 되었으며 이에 따라 국방력강화에 더 큰 힘을 넣지 않으면 안되게 되었다. 그리하여 … 7개년계획을 3년 동안 연기하기로 결정하였다.(p398)

천리마운동은 전후시기에 이루어진 위대한 사회적 변혁과 물질적 및 정신적 역량에 기초하여 일어난 합법칙적 현상이었다.(p364~374)

기업 중 일부는 원조 물자로 원료를 조달받아 성장의 발판을 마련한 후 오늘날 재벌로 성장하였다.(두산동아 p276)

귀속 재산과 원조 물자를 민간에 넘기는 과정에서 특정 기업에 혜택이 편중되면서 정경 유착 문제가 발생하였다.(미래엔 p321)

고도성장의 혜택은 국민에게 골고루 돌아가지 않았다. 정부는 강력한 저임금 정책을 실시하고 헌법에 보장된 노동 운동을 탄압하였다. 그 결과 기업은 초고속으로 성장했지만, 노동자들은 열악한 노동환경과 생활고에 시달려야만 했다.(미래엔 p340)

특혜 속에서 한국을 대표하는 세계적 기업이 성장할 수 있었다. 그러나 대표적인 기업인들은 각종 혜택을 악용하여 횡령과 비자금 조성을 일삼고, 세금을 포탈하거나 수출 대금을 해외로 빼돌렸다. 구속되어 실형을 받은 이들 기업인 대부분은 경제 발전에 기여했다는 명분으로 특별사면되었다.(미래엔 p340)

– 초기 독점 자본의 형성
귀속 재산 불하, 원조 물자 집중 배당, 세금 감면 등의 특혜를 바탕으로 점차 제분, 제당, 방적 등의 분야에서 독점적 대기업(재벌)이 형성되기 시작하였으며, 이 과정에서 정경 유착으로 인한 문제점이 발생하기도 하였다.(비상교육 p359)

경제성장 과정의 문제점(비상교육 p377)
자본주의 경제 제도도 점차 자리를 잡았다. 하지만 한국 경제는 생산재에서 원료에 이르기까지 대부분 원자재를 수입에 의존하는 취약성을 안게 되었다.(두산동아 p284)

북한은 당시 미군과 대치하고 있는 현실에서 쿠바 위기를 보며 군사력을 증강할 필요를 느끼고 경제와 국방 건설을 함께 추진하였다. 그러나 과중한 국방비 부담과 소련의 원조 삭감으로 경제 건설은 지체되었다. … 대외적으로 고립된 상황에서 경제 성장은 한계를 보였다.(천재교육 p329)

남북한은 군사력 경쟁을 벌이며 상대의 위협을 자신들의 권력을 강화하는 수단으로 삼았다. 군사력 경쟁은 남북한 모두 경제 발전에 걸림돌이 되었다.(두산동아 p282)

박정희 대통령이 농촌 새마을사업의 현장을 시찰하고 있다. 대한민국 역사교과서들은 세계적 성공사례인 새마을운동은 감추고 북한의 천리마 운동을 선전했다.

의 천리마 운동 포스터를 제시하고 북한의 서술 그대로 긍정적으로 서술하는 수준이다.(비상교육 p360, p365~366)

III. 결론
대한민국을 짓밟고 북한 전체주의를 미화한 교과서

역사교과서의 목적은 제한된 지면의 서술을 통해 학생들에게 국민으로서 갖춰야 할 기본적인 역사인식의 틀과 내용을 제공하는 데 있다. 따라서 그 내용은 보편적 가치와 헌법 및 대한민국적 가치기준에 따른 공통 기본 역사에 대한 이해를 통해 공동체의 과거를 인식하고 이해함으로써 현재와 미래를 준비할 수 있도록 하는 것이어야 한다.

그러나 대한민국 역사교과서는 첫째, 대한민국 정통 역사를 짓밟고 대한민국을 미워하도록 만들며 둘째, 김일성·김정일 전체주의를 미화시키며 셋째, 미국을 적대시하는 반미주의를 고양하고 넷째, 국제관계와 세계적 흐름을 차단하고 폐쇄적 반기업적 인식을 형성시키도록 만드는 데 봉헌되어 있다.

더구나 우리 역사교과서는 북한의 역사교과서와 기본 틀을 함께 하고 있다. 한국 교과서가 왜 그런 역사적 사실을 선택하고, 왜 그런 방식으로 서술되었는가를 보면 북한의 역사서인 〈조선전사〉 〈조선통사〉 및 〈현대조선역사〉 등의 북한 전체주의 사관이 대한민국 역사교과서에 깊게 드리워져 지배하고 있음을 알 수 있다. 김일성주의에 의한 역사서술체계가 한국 역사서술과 교과서를 지배하고 있는 것이다.

반체제, 반정부 저항사 중심의 내용이 대한민국의 역사로 둔갑되었으며, 전체주의 체제의 유지와 강화를 위한 선전 논리가 역사교과서에 반영된 것이다. 그렇기에 우리 교과서에서는 대한민국 건국이 갖고 있는 역사적 함의나 건국과 성장과정에 기여한 업적에 대한 긍정적 평가, 그리고 건국 이후 민주공화제의 형성과 민주주의의 도입과 정착, 기본권의 향상, 각종 제도의 발전과 세계사적 경제번영 체제의 형성 등 대한민국 국민이 만들어낸 서사시를 찾아 볼 수 없는 것이다.

세계 모든 역사교과서는 기본적으로 그 나라 국민들이 근대적이고 국민의 삶에 기여한 제도와 체제의 형성과정을 기록하고, 각종 도전과 역경을 극복하고 성취한 역사를 기록하고 있다. 국민기본권의 향상, 제도의 발전, 삶의 질의 향상, 그리고 자기 국가와 국민이 세계사에 기여한 것에 초점을 맞추고 있다(United States History, 高校 日本史 外). 그러나 우리 교과서에는 그러한 성취의 기록 대신에 전체주의를 미화하고 민족과 자유, 민주에 반하는 체제와 세력을 긍정적으로 묘사하는 등 보편가치에 반하면서도 대한민국을 부정적으로 인식하도록 만들 것들만을 기록하며 각종 논란거리를 제공하고 있다.

특히 김일성, 김정일 등 반민족과 반민주 전체주의자에 대한 올바른 이해를 전혀 할 수 없게 하거나 거꾸로 미화시키는 데 역사교과서가 헌정되어 있다. 한국 교과서는 김일성에 대해 북한식의 개인숭배사로 점철된 반면 이승만, 박정희 등 정치지도자에 대해 개인적 의도에 의한 악행사(惡行史)로 설명하고 있다. 북한에 대해서는 숭배사(崇拜史)로, 대한민국에 대해서는 철저한 비난사(非難史)로 서술되어 있는 것이다. 김일성은 수만 개의 동상과 흉상을 세우는 등 우상화 작업을 했는데, 그런 서술은 없이 오히려 이승만과 관련하여 1950년대 아시아 최고 높이를 자랑하는 이승만 동상이 있었다는 교과서술을 감행하는 식이다. 김일성-김정일은 유일지배라는 식으로 표현하며 '남한에서 유신 체제가 성립될 무렵'에 김일성 유일지배체제가 수립되었다는 식(미래엔 p320)이거나 '전쟁으로 노동력이 부족해지자 협동 농장을 조직'(비상교육 p360)했다는 등이 그것이다.

물론 북한 김일성전체주의 체제의 역사서는 아직도 보편 학문으로 존재할 수 없다. '북한의 역사 서술은 변화의 궤적을 따라가는 역사책이 아니라 영생불멸의 것만을 강조하는 종교적 교리책'(정두희, p240)일 뿐이다. 김일성 체제의 역사서에는 민족의 삶도, 인민의 삶도 나타나 있지 않고 김일성 가문에 창출했다는 '업적사'일 뿐이다. 사이비 교리처럼 외부세계와 차단된 주민들로 하여금 전체주의자 김일성 가계를 숭배하도록 세뇌시키는 내용들로만 채워져 있다.

또한 북한의 역사서는 단지 김일성 전체주의 체제를 유지, 강화하기 위한 허구적 사실을 왜곡된 역사적 사실들과 함께 나열한 것일 뿐이다. 그런데도 한국 역사학계는 잘못된 북한의 역사서술 목적이나 관점, 그리고 사실관계를 바로잡는 작업에 나서기는커녕 오히려 김일성주의적 역사서술 체계를 따라 배우고 그에 입각하여 대한민국 역사교과서를 만들어 놓은 것이다.

결론적으로 현재 우리 학생들이 배우는 한국사 교과서는 보편가치적 기준과 대한민국 헌법체계에 의거한 교과서가 아니다. 역사 연구의 업적과 결과에 따른 학문적 성과에 기반한 역사서도 아니다. 연구도, 사실도 없이 칼과 가위만을 들고 북한의 전체주의 역사체계를 오려 붙였을 뿐이다(김일영, p164). 극복하고 변화시켜야 할 전체주의 김일성 체제의 사관과 왜곡된 사실 서술을 갖다놓고 옮겨 적은 것이다.

여러 차례 수정과 보완, 교정이 있었다고 하지만, 근본적으로는 여전히 북한 역사서의 표절(剽竊) 수준을 벗어나지 못하고 있다. 여전히 김일성 전체주의에 영향 받고 북한의 역사서술 체계와 시각에 영향 받은 학자군(群)에 의해 변형을 거듭하는 수준이다. 이제 고등학생에게 교육되어야 할 한국사는 북한 전체주의 역사관과 서술체계에서 벗어나, 인류보편적 가치에 입각한 문명사와 자유민주적 가치 및 대한민국 헌법과 대한민국의 시각에 입각하여 처음부터 다시 정립되고 교육되어야 한다.

⟨참고 문헌⟩

대한민국 역사교과서

- 도면회 外 7인, 고등학교 한국사, 비상교육, 2013.
- 한철호 外 7인, 고등학교 한국사, (주) 미래엔, 2013.
- 주진오 外 8인, 고등학교 한국사, 천재교육, 2013.
- 왕현종 外 6인, 고등학교 한국사, 두산동아, 2013.

북한 김일성체제 역사서

- 김한길, ⟨현대조선역사⟩, 일송정, 1983.
- 사회과학연구원 역사연구소, ⟨조선통사 下⟩, 오월, 1989

기타 문헌

- 김기조, 38선 분할의 역사, 동산출판사, 1994.
- 정두희, 하나의 역사, 두 개의 역사학-개설서로 본 남북한의 역사학, 소나무, 2001.
- 김일영, 한국 현대사의 허구와 진실, 두레시대, 2005.
- 안병직, 세계의 과거사 청산, 푸른역사, 2005.
- 이영훈, 해방전후사의 재인식, 책세상, 2006.
- 전현수, '해방 직후 북한의 과거청산(1945-1948)', 대구사학 제69집, 2002.
- 류석춘, 김광동, '북한 친일(親日)청산론의 허구와 진실', 시대정신 제58호, 2013.

3 교과서 논란 10大 요점 정리

1. 김일성이 소련군 장교로서 스탈린의 괴뢰였다는 사실 은폐

2. 주체사상 교육은 이스라엘 교실에서 '나의 투쟁' 가르치는 격

3. 김정은을 위한 교과서냐, 대한민국을 위한 교과서냐?

4. '님'을 위한 기상천외의 역사 날조

5. 남북한 교과서, 이승만을 主敵으로 삼고 '자랑스러운 나라'를 '부끄러운 나라'로 만드는 데 共助

6. 대한민국은 변명도 美化도 필요 없다.

7. 역사교과서가 숨긴 역사적 사실 목록

8. 이승만 박정희 폄하, 김영삼 무시, 김대중 미화, 김정일 비호

9. 국군은 입이 없나? 利敵 교과서에 침묵해도 되나?

10. 북한교과서 표절 의혹에 대한 국가적 진상조사를 촉구한다.

趙甲濟(조갑제닷컴 대표)

1

검인정 교과서들, 김일성이 소련군 장교로서 스탈린의 괴뢰였다는 결정적 사실을 일제히 은폐

이승만(李承晚)이 미군 장교로서 귀국, 건국을 주도하였다면 어떻게 썼을까?
북한정권 수립의 괴뢰적 속성과 대한민국 건국의 자주성을 거꾸로 가르치기 위한
역사 변조(變造)

❶ 2014년부터 고등학교에서 사용되는 천재교육 한국사 교과서는 대한민국 건국 과정을 설명하면서 이런 연표를 만들었다(308페이지).

*1948. 4. 제주 4·3 사건

*1948. 5. 5·10 총선거

*1948. 8. 대한민국 정부 수립

*1948. 9. 조선민주주의인민공화국 수립

*1948. 10. 여수 순천 10·19 사건

교과서는 대한민국에는 '정부수립', 북한에는 '국가수립'이라고 표현, 헌법상의 反국가단체를 우위(優位)에 놓았다. 제주와 여수 순천에서 일어난 사건의 본질은 좌익 무장반란인데 이를 감추기 위하여 '사건'이라고만 적었다. 본문에선 4·3 사건을 일으킨 남로당 세력을 '무장봉기 세력'이라고 미화하고(미래엔 교과서는 여순 14연대 반란도 '무장봉기'라고

> 이후 무장 봉기 세력과 토벌대 간의 무력 충돌과 토벌대의 진압 과정에서 수만 명의
> 무고한 제주도민이 희생당하는 사태가 벌어졌다(제주 4·3 사건). 이 때문에 제주도 3개
> 의 선거구 중 2개의 선거구에서 국회의원을 선출하지 못하였다.

군경(軍警)을 '토벌대'로 비하한 천재교육 교과서(309페이지)

표현), 반란 진압에 나선 군경(軍警)을 '토벌대'라고 비하(卑下)하였다. 공산당을 정의(正義), 대한민국을 불의(不義)로 가르치는 용어 선택이다. 연표는 1946년 2월에 이미 북조선임시인민위원회가 출범, 토지개혁 등 정부의 역할을 하기 시작한 사실을 누락, 한국이 먼저 정부를 수립, 분단의 책임이 있다는 식의 오해(誤解)를 부른다.

❷ 좌편향 교과서는 미국과 이승만을 주적(主敵)으로 삼아 대한민국 건국의 정통성을 부정하는 것이 존재 목적이므로 내용이 다 똑같다. 검인정의 장점이란 다양성은 말살되고 교실은 90% 이상이 반역적 민중사관(史觀)에 점령당하였다. 이들 교과서는 대한민국 건국 과정을 설명하면서 美군정의 역할을 부정적으로 표현하고, 반공 자유민주주의 체제를 세운 이승만(李承晚)의 역할을 축소, 왜곡, 비판하였다. 건국에 반대하다가 김일성에게 이용당한 김구·김규식의 남북협상은 호의적으로 다뤘다.

❸ 반면, 북한정권의 수립과정 설명에는 비판이 없다. 좌편향 교과서들은 김일성을 감싸고 소련의 역할을 미화하며 실패한 토지개혁을 북한식 선전대로 좋게 소개하였다. 소련군의 강간 약탈 행각, 산업시설 수탈, 신의주 반공학생 의거 유혈(流血)진압도 일체 언급하지 않았다. 박

헌영의 남로당이 신탁통치 반대에서 찬성으로 돈 것은 소련의 지령 때문이란 점도 묵살되었다. 교과서는 소련군이 간접통치를 통하여 북한인들에게 자율권을 많이 주었고, 〈선거로 구성된 최고인민회의가 제정한 헌법에 따라 김일성이 수상으로 선출되었다〉(천재교육 교과서 311페이지)고만 적어 북한정권의 출범이 민주적인 것처럼 거짓 역사를 가르치고 있다. 북한의 모든 선거는 반대가 불가능한 원천적 부정선거임을 설명하지 않았다.

❹ 〈1945년 9월19일 김일성 일행을 태운 (소련 군함) 푸카초프호가 원산항에 도착하였다. 김일성은 소련군 대위 복장을 하고 있었고 마중 나온 사람들에게 악수를 하면서 "김성주입니다"라고 인사하였다. 그의 왼쪽 가슴에는 적기(赤旗)훈장이 달려 있었다.〉(孫世一 著, 《李承晩과 金九》, 제6권)

❺ 그러나 2014년에 나온 천재교육, 금성출판사 등 거의 모든 검인정 교과서들은 김일성이 소련군 장교였다는 결정적 사실을 숨겼다. 김일성을 꼭두각시로 선택한 이는 스탈린이었고, 소련군이 그를 철저하게 조종, 공산정권을 세우게 되었다는 점은 완벽하게 은폐되었다. 이승만이 미군 장교가 되어 귀국하였더라도 교과서는 이 사실을 쓰지 않았을까?

❻ 좌편향 교과서들은 스탈린이 1946년에 박헌영과 김일성을 모스크바로 불러 직접 면접을 본 뒤 김일성을 지도자로 선택하고, 헌법과 국호까지 만들어 내려 보냈다는 점도 다루지 않았다. 특히 1945년 9월20일 스탈린이 소련 군정 당국에 암호지령문을 보내 북한에 친소(親蘇) 단독 정권을 세울 것을 지시, 분단을 기정사실화한 점도 묵살하였다(교학사

교과서만 기술).

❼ 한민족(韓民族)의 가장 큰 재앙은 소련군 88여단 소속 대위 김일성이 소련군에 업혀 북한에 들어와 소련의 이익을 위하여 복무하게 되면서 시작된 것이다. 한국 현대사를 이해하는 데 출발점이 되는 사실이다. 검인정 교과서들은 이를 숨겨 북한정권의 괴뢰적(傀儡的) 속성을 덮고, 이승만이 공산주의자뿐 아니라 미국과도 맞서가면서 성공시킨 '자유민주 국민국가 건설'의 자주성을 왜곡, 학생들에게 조국을 적대시(敵對視)하도록 가르치는 '의식화 교재'로 전락하였다.

❽ 교과서 집필의 대원칙인 헌법, 사실, 공정성은 완벽하게 무시되었다. 역사서도 아니고, 교과서도 아니다. '좌경 선동문건' 같다. 더 놀라운 사실은 '김일성 소련군 장교 사실 은폐'에는 남북한 교과서가 똑같다는 점이다. 반역과 날조의 역사관을 공유하고 있다는 의심이 정당화된다. 교과서 개혁에 남북의 좌익들이 다 같이 반대하는 것도 우연이 아닐 것이다.

2

이스라엘 교실에서
히틀러의 《나의 투쟁》을 가르치는 격

좌편향 교과서는 세습독재와 집단학살을 불러온 '만악(萬惡)의 근원' 주체사상 美
化에 왜 이토록 집착하는가?
학생들을 반역자나 패륜아로 키울 생각이 아니라면 이런 식의 주체사상 선전은 새
교과서에서 금지시켜야 할 것이다.

❶ 김일성의 이른바 '주체사상'은 북한을 생지옥으로 만든 수령세습독
재의 이론적 바탕이다. 독재자의 신격화, 주민들의 노예화, 수백만의 학
살과 아사(餓死)는 여기서 비롯되었다. 나치즘, 파시즘, 군국주의, 인종
차별주의, 스탈린주의를 다 합친 것보다 더한 악마적 논리이다. 이를 굳
이 대한민국의 고등학교 한국사 교과서에서 가르치려면 그 광신성(狂信
性)을 강조하는 것 이외엔 필요가 없다. 그런데 좌편향 교과서들은 주
체사상을 북한 선전 자료에 근거하여 미화(美化)하고, 이에 대한 정부
의 수정 권고도 거부하는가 하면 법정투쟁까지 벌이면서 굳이 학생들
에게 교육해야겠다고 버티고 있다.

❷ 2013년 8월30일 교육부 검정을 통과한 8종의 고등학교 한국사 교
과서 중 네 종(種)이 주체사상을 소개하였다. 천재교육 교과서 318페이
지의 '자료읽기' 난엔 《김일성 전집》에 실린 주체사상 관련 내용을 옮긴

교육부가 발표한 '고교 한국사 교과서 주요 편
향 사례' 6페이지는 미래엔 교과서 교사용 지
도서에 대하여, "우리나라 제헌헌법 全文 혹
은 개헌 원문 사료는 교과서 및 지도서에 없
는 데 반해, 북한헌법은 김일성 헌법 서문을
자세히 게재"라고 비판했다.

다음 이렇게 무비판적으로 정리하였다.

〈김일성은 자신의 항일 무장 투쟁만이 유일한 혁명 전통임을 내세우
고, 이것만이 진정한 주체의 역사라고 주장하였다. 김일성은 이를 바탕
으로 1967년 '주체사상'을 통치 이념으로 확립하였다.〉

교과서는 329페이지의 '자료 읽기' 난에서 또 '자주 노선을 전면에
내세운 북한'이란 제목으로 〈노동신문〉을 인용하였다. 교육부는 수정
권고를 하여도 출판사가 불복하자 수정명령을 내렸다. 318페이지의 경
우, 〈이는 김일성의 권력 독점과 우상화에 이용당하였다〉는 설명을 덧
붙이는 것으로 끝냈다. 그래도 90%의 기술은 北의 선전 자료이고, 나
머지 10%가 미온적인 비판이다. 다른 3種의 교과서도 비슷한 과정을
거쳤다.

❸ 미온적 수정에도 필자들은 반발했다. 천재교육 등 6개 교과서(교

학사, 리베르스쿨 제외) 필자 12명(주진오 외 11명)은 주체사상 부분 등에 대한 교육부의 수정명령 효력 정지 가처분 신청 및 수정명령 취소 행정소송을 제기하였다가, 1심, 2심에서 패소하였다. 법원은 북한이 주장하는 내용을 그대로 실으면 오해의 소지가 있으므로 수정명령은 정당하다고 판단하였다. 이 사건은 현재 대법원에 올라가 있다.

❹ 교육부는 '고교 한국사 교과서 주요 편향 사례' 분석 자료에서 미래엔의 교사용 지도서마저 주체사상과 북한 헌법에 대하여 과도하게 서술하고, 대한민국 헌법에 대한 자료 제시는 부족한 점을 비판하였다.

❺ 좌편향 교과서 필자들은, 왜 이토록 주체사상에 애착을 보이는가? 주체사상을 좋아하지 않으면 할 수 없는 행동일 것이다. 유엔총회가 김정은을 反인도범죄자로 규정, 국제형사재판소에 회부할 것을 결의, 안보리에 상정해놓은 것도 주체사상에 대한 단죄(斷罪)의 성격이 있다. 그럼에도 그 주체사상의 가장 큰 피해를 보고 있는 한국의 교과서는 속임수로 가득찬 북한 선전 자료를 옮겨 학생들을 교육하려 애쓴다. 이스라엘 학교에서 히틀러의 《나의 투쟁》을 가르치는 격이다.

❻ 좌편향 교과서를 지배하는 민중사관(史觀)은, 변종 공산주의로도 불리는 민중민주주의에 기초하고 있다. 이런 세계관에 입각하면 대한민국과 자유민주주의를 적대시(敵對視)하고 북한정권과 주체사상을 감싸게 되어 있으며 교과서를 계급혁명의 도구로 삼는다. 헌법재판소는 2014년, 통진당이 표방한 민중민주주의에 대하여 국민을 계급적으로 분열시키고 '북한식 사회주의' 세상을 만들려 하는 위헌적 혁명이론이라고 판시, 정당 해산 결정의 주된 이유로 삼았다. 법정에선 헌법위반으로

최종 결정된 민중민주주의의 유령이 교과서의 탈을 쓰고 미래세대의 영혼을 유혹하고 있다는 가장 확실한 증거가 검인정 교과서의 '주체사상 파문'인 것이다. 학생들을 반역자나 패륜아로 키울 생각이 아니라면 이런 식의 주체사상 선전은 새 교과서에서 금지시켜야 할 것이다.

3
김정은을 위한 교과서냐, 대한민국을 위한 교과서냐?

국정화(國定化)는 역사전쟁에서 낙동강 전선까지 밀린 대한민국의 최후 반격이다! 99.9%의 고등학교 교실은 반역적 민중사관에 점령되어 '대한민국을 적대시(敵對視)하도록 가르치는 좌경의식화 교재'로 공부하고 있다. 총성 없는 쿠데타가 성공하였다!

    계급투쟁론을 핵심으로 하는 민중사관(史觀)의 신봉자들은, 역사교과서를 민중계급이 정권을 잡도록 하기 위한 변혁의 도구로 삼는다. 이들의 현대사 서술은 국사(國史) 교과서 집필의 대원칙인 헌법, 사실, 공정성을 깡그리 무시함으로써 국가를 폄하하고 국민을 분열시키며 미국을 적대시, 결과적으로 적(敵)과 악(惡)을 편들게 하는 흉기로 전락하였다. 민중사관 교과서는 아래와 같은 일관된 흐름을 보인다.

*6親(친): 親北(북한정권), 親獨(사회주의 독재), 親中親蘇, 親勞(노동), 親不(불법), 親북한군

*6反(반): 反韓, 反自(자유민주주의), 反資(자본가), 反美, 反憲(헌법), 反軍(국군)

❶ 김일성보다 이승만을 더 미워하도록 가르친다.

김일성이 소련군 장교였다는 사실을 감추고, 이승만(李承晚)이 美 군

정과 맞서가면서 건국하였다는 사실을 덮는다. 김일성의 항일운동은 과장, 이승만의 독립운동은 축소, 또는 묵살한다.

❷ 자본주의를 惡, 사회주의를 善으로 여긴다.

자본주의와 자유민주주의의 장점은 설명하지 않고, 사회주의의 단점은 덮는다. 사회주의식 토지개혁을 찬양하고 민주주의식 토지개혁을 폄하한다.

❸ 北의 전체주의 공산독재 정권보다 대한민국 정부를 더 미워한다.

천재교육 교과서는 대한민국 역대 정부에 탄압이란 말을 10회, 북한 정권엔 한 번도 쓰지 않았다.

❹ 침략자인 중공·소련보다 미국을 더 비난한다.

미국이 원조를 너무 많이 해주어 국내 산업이 타격을 받았다고 트집을 잡으면서 북진통일을 막은 중공군의 불법개입은 비판하지 않는다.

❺ 미국의 도움은 묵살한다.

한국전에서 희생된 美軍 숫자를 쓰지 않고, 트루먼·맥아더에 대한 언급이 없으며, 한 교과서는 한국전 때 美軍의 결정적 도움을 은폐하기 위하여 '미군' 대신 '유엔군'이라고 표현하였다.

❻ 국군을 적대시(敵對視)하고 공산군을 감싼다.

국군을 학살집단으로 몰면서 북한군의 만행은 최소한도로 소개한다. 김일성의 파출소 습격 수준인 '보천보 사건'은 침소봉대하고, 대한민국을 구한 백선엽 장군의 '다부동 전투'는 묵살하였다.

❼ 북한정권의 나쁜 짓은 적극적으로 비호, 은폐한다.

北의 대남(對南)도발과 인권탄압은 거의 다루지 않고, 한국 정부의 실수는 사소하고 불가피하였던 것까지 들추어낸다.

❽ 민주투사와 노동운동가는 우대하고 군인·경찰관·기업인·상사맨·과학기술자, 그리고 반공 투사는 홀대한다.

전태일은 크게 다루고, 이병철·정주영·이철승·이승복은 완전히 무시되었다.

❾ 용어 조작으로 가치 판단을 뒤집는다.

공산당의 반란을 '봉기'라고 미화한다. 경작권만 준 북한의 토지개혁을 '무상분배'라고 과장한다.

❿ 현대사를 저항과 투쟁 중심으로 기술, 법치(法治)를 부정하고, 국민을 분열시킨다.

건국·호국·건설의 이야기를 빼버리니, 역전(逆轉)과 기적의 드라마인 한국 현대사의 감동이 담기지 않았다. 불법 방북한 임수경을 구속한 것도 '탄압'이라고 기술, 정당한 법집행을 모독하였다.

⓫ 북한 역사책을 표절한 느낌이 들 정도다.

그래서 탈북자들은 '평양에서 사용되어야 할 책'이라고 말한다. 사관(史觀)과 구성과 논리가 북한식에 가깝고 인용하는 사례나 자료도 북한 역사서에 실린 거짓이 많다.

4

동아출판 교과서,
'님'을 위한 기상천외(奇想天外)의
역사 날조

김일성 정권이 '남북한 인구비례의 (공정한) 선거를 통하여 출범하였다'고 가르친다!

대기업 집단인 두산그룹 산하 출판사 두산동아(출판 당시 社名. 그 뒤 매각되어 현재는 '동아출판')가 발행한 고등학교 한국사 교과서가 좌편향 왜곡이 가장 심한 책으로 꼽는다. 2013년 교육부의 검인정을 통과한 책을 읽어보면, 대한민국을 어떻게 하든 깎아내리려는 反교육적이고 범죄적인 날조와 조작이 이어진다.

❶ 〈북한은 남한에서 총선거가 실시되자 곧바로 정부 수립에 나섰다. 8월25일에는 남북 인구 비례에 따라 최고인민회의 대의원을 뽑는 선거를 실시하였다. 북한과 남한에서 선거로 뽑힌 대의원들은 1948년 9월 최고인민회의를 열어 헌법을 만들고 김일성을 수상으로 선출하였다. 9월9일에는 내각을 구성하고, 조선민주주의인민공화국 수립을 선포하였다.〉 (273페이지)

좌편향 교사들은 이 기술(記述)에 근거, 대한민국은 남한만의 총선거를 통하여 출범하였지만 북한정권은 '남북인구비례'에 따른 공정한 선거로 구성되었으므로, 더 민주적이고 정통성이 있다고 가르칠 것이다. 교과서가 대한민국을 '정부 수립'이라고 격하하고, 북한은 '국가 수립'으로 격상시켰으니 학생들은 속아 넘어가게 되어 있다.

❷ '남북 인구 비례에 따른 최고인민회의 대의원 선거'는 물론 거짓말이다. 교과서는 주(注)를 달고 〈남한에서의 최고인민회의 대의원 선거: 남한에서는 공개적으로 선출할 수 없었기 때문에 비밀리에 실시되었다〉고 설명하였다. 이 또한 '사기적 기술'이다. 남한에서 공개적으로 선출할수 없었던 이유는 그것이 불법화된 남로당원들끼리 한 지하선거였기 때문이다. 마치 대한민국 국민들이 북한공산정권의 대의원을 뽑는 선거에 인구비례로 참여, 김일성 정권의 출범에 기여한 것처럼 조작한 것이다. 이 교과서는 북한의 선거는 반대가 불가능한 원천적 부정선거임도 설명하지 않았으므로 학생들은 자연스럽게 공정한 선거였다고 믿을 것이다.

❸ 김일성 괴뢰정권을 이롭게 하고, 대한민국에 흠집을 내기 위해서는 일편단심으로 사기적 변조를 서슴지 않은 동아출판 교과서는, 유엔 결의문도 조작하였다. 〈국제연합총회에서는 대한민국 정부를 선거가 가능하였던 한반도 내에서 유일한 합법정부로 승인하였다.〉 (273페이지) '선거가 가능하였던 한반도 내'는 38도선 이남(以南) 지역을 가리킨다.

❹ 유엔총회의 1948년 12월 결의문은, 대한민국을 38도선 이남이 아니라 한반도 전체의 유일한 합법정부로 인정하였다. 《(대한민국) 정부는 임시위원단의 감시 아래 한반도 해당 지역 유권자들의 자유로운

유엔이 결의안을 통해 대한민국 정부를 합법정부로 승인했다는 소식을 전한 경향신문 기사 (1948년 12월14일字).

의지가 정당하게 표현된 선거를 통하여 수립되었다. 따라서 이 정부는 한반도에 존재하는 유일한 그러한 정부이다〉고 명기(明記)하였음에도 동아출판 교과서는 범죄적 수준의 變造(변조)를 한 것이다. 2011년 공시한 '고등학교 한국사 교과서 집필 기준'도 〈대한민국 정부는 유엔으로부터 한반도의 유일한 합법정부로 승인받은 사실에 유의한다〉고 못박았었다.

❺ 문제는, 유엔결의문 내용을 조작하고, 집필기준을 무시하면서까지 대한민국을 격하시킨 이 교과서가 불합격 처리되기는커녕 지적도 받지 않고 검인정을 통과하였다는 사실이다. 채점자가 수능시험에서 오답(誤答)을 정답(正答)으로 처리해준 셈이다(교육부는 언론의 지적을 받고서야 수정 조치를 취하였다).

❻ 일편단심으로 '님'(북한정권)을 감싸는 이 교과서는 또 〈…금강산

사업 중단, 천안함 사건, 연평도 포격 사건 등이 일어나 남북관계는 경색되었다〉고 하여 누가 천안함 사건의 범인인지를 밝히지 않았다. 교육부가 도발 주체를 명시하라고 수정을 권고했으나 이를 거부하였다가 수정 명령을 받고서야 북한 소행이라고 적었다. 좌편향 국사 교과서는 역사서도 교재도 아니다. 대한민국을 적대시(敵對視)하도록 가르치는 '좌경의식화 교재'이다.

5

南北 교과서의 음모:
건국 대통령을 主敵으로 삼고,
'자랑스러운 나라'를 '부끄러운 나라'로
만드는 역사날조에 공조(共助)!

자유민주주의로 나라를 세운 은인(恩人)을 저주하고, 스탈린의 꼭두각시가 된 민족 반역자를 감싸는 교과서로 배운 학생들은, 선악(善惡) 분별력이 망가지고 고마움을 모르게 될 것이다.

❶ '북남 총선거'라는 사기: 북한에서 현재 사용 중인 중학교 4학년 교과서 《혁명력사 1》의 172~174페이지는 1948년에 김일성이 북한정권을 세울 때 '북남 총선거'를 했다고 사기를 친다. 〈북반부에선 자유로운 선거, 남반부에서는 미제와 그 앞잡이들의 가혹한 탄압으로 하여 비밀리에 서명을 하는 방법으로 최고인민회의 대의원들을 뽑았다〉는 것이다.

❷ 北을 표절한 南의 교과서: 한국의 고등학교에서 사용 중인 동아출판의 한국사 교과서 273페이지도 〈북한은 남북 인구 비례에 따라 최고인민회의 대의원을 뽑는 선거를 실시〉하였다는 거짓말을 적었다. 〈북한과 남한에서 선거로 뽑힌 대의원들은 1948년 9월 최고인민회의를 열어 헌법을 만들고 김일성을 수상으로 선출하였다〉고 북한교과서처럼 썼다.

❸ 대한민국 부정: 남북 교과서가 '남북 총선거'란 날조를 통하여 북

> 그러나 남반부에서는 미제와 그 앞잡이들의 가혹한 탄압으로 하여 비밀리에 서명을 하는 방법으로 먼저 인민대표들을 선출하였다. 선출된 인민대표들은 북반부에 넘어 와 남조선인민대표자대회를 열고 최고인민회의 대의원들을 선거하였다.

북한의 중학교 4학년 교과서《혁명력사 1》의 174페이지는, "남반부에서는 미제와 그 앞잡이들의 가혹한 탄압으로 하여 비밀리에 서명을 하는 방법으로…"라며 날조된 설명을 하고 있다.

한정권을 미화하고 대한민국을 부정하는 데 공조(共助)한 것이다. 남한에서 한 선거라는 것은, 남로당 등 좌익분자끼리의 불법 지하 선거였다. 한국 교과서는, 이 사실을 숨김으로써 마치 한국 유권자들이 김일성 정권 출범을 위하여 투표한 것처럼 학생들을 속인다. 대한민국보다 김일성 정권을 더 높게 평가하도록 유도한 셈이다.

❹ '무장반란'을 '무장봉기'로 미화: 금성출판 등 한국의 좌편향 교과서는 좌익들의 '무장반란'인 제주도 4·3 사건과 여순 14연대 사건을, 통일정부 수립을 요구한 '무장봉기'라고 미화하였다. 북한의 중학교 4학년《혁명력사 1》교과서도, 〈제주도 인민들은 무장을 들고 적들과 맞서 싸웠다〉고 추켜세웠다. 남북 교과서가 공산반란을 '무장봉기'라고 왜곡한 이유는 반란을 진압한 이승만(李承晩) 정부와 국군을 비방하기 위함이다.

❺ 김일성 우상화에 가담: 좌편향 교과서와 북한교과서는 김일성 우상화에도 공조한다. 양쪽 교과서 모두 김일성이 소련군 장교로서 스탈린의 꼭두각시가 되어 소련군의 철저한 조종을 받았다는 치명적 사실을 은폐한다. 반면, 파출소 습격 수준의 보천보 사건을 '보천보 전투'라

고 표현, 김일성의 항일투쟁을 과장하였다. 한국 교과서는 대한민국을 구한 백선엽(白善燁) 장군의 '다부동 전투'는 완전히 무시하였다.

❻ 항일(抗日)활동 조작: 북한교과서와 일부 남한 교과서는 김일성이 연해주로 피신, 소련군 88여단 소속이 된 이후에도 만주로 건너와 항일투쟁을 하였다는 역사 조작에도 동참하였다(김일성은 소련군 장교였으므로 소련이 불가침 조약을 맺은 일본과는 싸울 수가 없었다.)

❼ '무상분배'란 거짓말: 남북의 극좌(極左) 성향 역사교과서는 북한 교과서의 '무상몰수, 무상분배'라는 거짓말을 좇아서 김일성의 실패한 토지개혁을 미화하고, 이승만의 성공한 농지개혁을 폄하하는 데도 공조하였다. 북한은 농민들에게 토지 경작권만 주었지 소유권을 주지 않았으므로 '무상분배'는 선동이고 왜곡이다.

❽ '친일청산': 김일성은 친일청산을 한 적이 없고 이승만 정부는 나름대로 노력을 하였는데 남북 교과서는 거꾸로 가르친다. 2인자까지 오른 김일성의 동생 김영주는 일제 헌병 보조원이었고, 북한 공군은 일본군 출신 조종사들이 만들었다. 김일성에 반대하는 친일파만 제거하였다. 이승만 정부의 초대 내각은 친일파가 없는 독립투사 중심, 초기 북한 정권 상층부엔 친일파가 다수 진출하였다.

❾ 반미(反美)공조: 남북한 계급 사관 교과서는 한국의 동맹국인 미국을 적(敵)의 동맹국인 소련과 중국보다 더 비방한다. 미국 전후(戰後) 원조의 부작용을 강조하면서 사회주의 국가의 대북(對北) 원조는 칭찬 일변도이다.

❿ 건국 영웅 무시: 교학사를 제외한 남북한의 거의 모든 교과서는,

대한민국 건국을 방해한 사람들을 영웅시하고, 대한민국 발전의 주역(主役)이었던 건국 영웅(이승만, 이철승 등), 전쟁 영웅(백선엽 장군과 6사단 등), 산업화 영웅(박정희, 이병철, 정주영 등), 과학기술 영웅들(산림녹화나 통일벼 개발 관련자 등), 그리고 해외의 은인들(트루먼, 맥아더, 참전 16개국 군인들)을 철저하게 무시하거나 적대시하는 데도 일치하고 있다.

❶ 남북 교과서의 이러한 反대한민국 공조(共助)는, 양쪽이 계급투쟁 사관(史觀)을 공유하는 데 그치지 않고 김일성주의까지 나눠가진 것이 아닌가 하는 의심을 정당화한다. 이런 교과서로 공부한 학생들은 반역자나 패륜아로 양성될 가능성이 높다.

6

대한민국은 변명도 美化도 필요 없다. 잘한 것, 못한 것을 있는 그대로 공정하게 쓰기만 하라!

"기적과 역전(逆轉)의 드라마를, 피·땀·눈물의 잉크로 써내려간 국민 모두가 역사전쟁에 참전(參戰)하자. 골방에 틀어박혀 대한민국을 괴롭히고 더럽히는 연구만 하는, 편협한 교수·교사들에게 온몸으로 살아 숨 쉬는 우리들의 이야기, 대한민국 역사쓰기를 맡겨놓을 순 없다. 역사전쟁은 전면적으로, 민주적으로 오래오래 해야 한다."

교과서를 읽은 사람과 안 읽은 사람들의 대결이다. 간첩이라도 자녀가 이런 교과서로 배우는 데 반대할 것이다.

❶ 안 읽은 사람이 반대: 좌편향 고등학교 한국사 교과서를 읽은 사람이라면 화가 나서 절대로 가만 있을 수가 없을 것이다. '자랑스러운 나라'를 '부끄러운 나라'로 만들고 대한민국 발전의 주역(主役)들을 갖은 非교육적-범죄적 방법(날조, 변조, 왜곡, 은폐 등)으로 모독하고 있기 때문이다. 안 읽은 사람은 토론도 반대도 할 자격이 없다.

❷ 헌법·사실·공정성: 이 3大 원칙만 지키면 정권과 이념에 구애 받지 않고 올바른 교과서를 만들 수 있다. 대한민국은 변명도 미화도 필요 없다. 잘한 것, 못한 것을 있는 그대로 공정하게, 그리고 헌법정신에 부합된 기술(記述)만 하면 된다. 계급사관(민중사관)은 이념을 앞세워 사실을 무시하고 헌법에 어긋나므로 배제해야 하는 것이다.

❸ 검인정이 다양성 파괴: 反헌법적─국민분열적 민중민주주의 세력이 역사교과서 시장을 장악, 국민통합적 史觀으로 써진 교과서의 채택을 방해하는 바람에 고등학교 교실의 99%가 획일적 역사관에 점령당하여 다양성이 사라졌다. 민주적 다양성을 파괴한 장본인들이 지금 다양성을 내세우고 있다.

❹ 다양성의 한계: 역사 해석은 다양할 수 있으나 사실(事實)과 사실(史實)은 다양할 수 없다. 지금 교과서는 다양성을 명분으로 내세워 대한민국에 불리한 것이면 事實까지 날조, 왜곡, 은폐하고 있다.

❺ 독재·친일은 누가 비호했나? 좌편향 검인정 교과서이다. 김일성의 세습독재를 비호하고 김일성의 친일파 중용(重用·전 노동당 조직부장 김영주는 日軍 헌병 보조원 출신, 북한 공군은 日軍 조종사 출신이 만들었다)은 비판하지 않았다. 독재와 친일이라도 김일성이 한 것은 덮었다. 같은 편이니까?

❻ 현대사(現代史) 집필은 좌편향 학자의 전유물(專有物)이 아니다. 아무도 조작과 왜곡의 특권을 준 적이 없다. 현대사의 한복판에서 역전(逆轉)과 기적의 드라마를 피·땀·눈물로 써내려간 군인, 기업인, 경찰, 노동자, 공무원, 해양인, 정치인, 과학 기술자 등 다양한 전문직종이 교과서 기술에 직간접으로 참여해야 한다. 특히 목숨 바친 군인들의 견해를 존중해야 한다.

❼ 국민들이 반역적 역사관에 속으면 국가는 분열하고 최악의 경우 내전(內戰)으로 들어간다. 대한민국처럼 이념전쟁을 하는 나라에서는 국가가 책임지고 국민통합적 역사관을 지켜내야 한다. 남북 대결은 민

족사적 정통성과 삶의 양식을 놓고 다투는 타협이 절대로 불가능한 총체적 권력투쟁이다. 좌편향 교과서 세력의 목적은 계급투쟁론적 역사관으로 국민들을 분열시켜 적(敵)을 이롭게 하려는 것인데 이를 아는 정부가 방치하는 것은 국가적 자살행위이다.

❽ 역사전쟁은 전면적으로 민주적으로 오래오래 해야 한다. 집에서, 회사에서, 거리에서, 국회에서, 선거판에서 치열하게 토론할 때 진실이 드러날 것이고, 누가 반역과 거짓의 교과서를 비호, 젊은 영혼들을 훔치려 하였는가 심판하게 될 것이다.

❾ 국민 모두가 역사전쟁에 참전(參戰)하자. 골방에 틀어박혀 대한민국을 괴롭히고 더럽히는 연구만 하는, 실력도 없는 자칭 학자들에게 거창하게 생동하는 우리들의 이야기, 대한민국 역사쓰기를 맡겨놓을 순 없다.

7

역사교과서가 숨긴
역사적 사실 목록

김일성에게 불리하고, 대한민국에 유리한 사실들은 대체로 묵살되었다.

좌편향 고등학교 한국사 교과서는 실린 것보다 안 실린 것이 더 심각한 문제이다. 의도적으로 누락시킨 아래와 같은 사실들이 새 교과서에 반영되어야 균형이 잡힌다.

❶ 김일성이 소련군 장교로서 스탈린에게 불려가 면접시험을 본 뒤 합격되어 지도자로 선택되었고, 소련군이 써준 시나리오대로 괴뢰정권을 세웠다는 역사적 사실.

❷ 1945년 9월20일 스탈린이 소련군에 명령하여 북한에서 친소(親蘇)공산 정권을 세우도록 한 사실과 이것이 38선 분단의 직접 원인이란 사실.

❸ 소련군이 북한에서 벌인 강간·약탈, 신의주 학생 반공의거와 소련군의 무력(武力) 진압.

❹ 정권수립을 위하여 북한에서 한 선거는 반대가 불가능한 원천적

부정선거였다는 사실.

❺ 6·25 이전의 38도선 상의 무력충돌은 거의가 북한군의 도발에 대한 국군의 대응이었다는 사실.

❻ 미군 파병 결단으로 대한민국을 구한 트루먼의 역할. 그가 중공군 불법 침략 후 국내외로 한국 포기론이 일어날 때 이를 거부하였을 뿐 아니라 휴전협상 때 반공 포로 강제송환을 반대하였다는 사실.

❼ 중공군의 불법 개입이 이산가족의 비극을 부르고 북진통일을 좌절시켰다는 사실.

❽ 6·25 전쟁 중 전사한 한국군, 미군, 유엔군, 소년병의 숫자.

❾ 한국을 도운 고마운 나라들 이야기(참전 16개국, 의료지원 5개국).

❿ 한국을 구한 백선엽(白善燁) 장군의 다부동 전투와 6사단의 춘천 방어전.

⓫ 이승만이 미국을 압박, 한미상호방위조약에 합의하도록 만든 반공 포로 석방의 역사적 의미.

⓬ 북한과 중공군이 국군포로 6만 명 이상을 불법 억류, 지금껏 돌려보내지 않고 있다는 사실.

⓭ 북한군에 의한 납북 및 학살 통계. 특히 좌익에 의한 영광 대학살(2만1225명 피살).

⓮ 남한의 공산주의 세력이 갑자기 반탁에서 찬탁으로 돌게 된 것은 소련의 지령에 의한 것이란 사실.

⓯ 이승만(李承晩)이 남한 단독정부 수립을 주장할 때 북한엔 이미 북조선임시인민위원회라는 단독 정권이 들어서 토지개혁, 국유화 조치

등 정부만 할 수 있는 일들을 하고 있었다는 사실.

❶❻ 이승만 초대 내각은 독립투사 일색이란 사실.

❶❼ 김일성이 정권 수립을 위하여 친일파를 중용한 사실. 동생 김영주는 일본 헌병 보조원이었지만 북한노동당 2인자까지 올랐고, 북한공군은 일본군 조종사 출신들이 만들었다.

❶❽ 이승만 대통령이 전쟁 중임에도 민주주의와 법치주의를 지키려고 노력한 점. 예컨대 선거를 중단시키지 않았고, 언론검열을 하지 않았으며 국회 문을 닫지 않았다는 사실.

❶❾ 이승만의 농지개혁이 민주화, 산업화의 밑거름이 된 세계적 성공 사례라는 점.

❷⓿ 역대 미국 정부가 한국 정부를 견제, 민주화를 도운 점.

❷❶ 5·16은 군사정변이었지만 그 뒤의 전면적 개혁으로 혁명적 발전을 가져온 사실.

❷❷ 이병철, 정주영 같은 위대한 기업인의 역할.

❷❸ 서울올림픽의 역사적 기여(동구 및 소련 공산권 붕괴, 북방정책 등에 끼친 영향).

❷❹ 김대중 정권의 이른바 햇볕정책은 미화하면서, 현대그룹을 앞세우고 국정원을 시켜 김정일의 해외 비자금 계좌 등으로 4억5000만 달러를 불법 송금한 사건은 묵살.

❷❺ 좌파정권 하에서 反헌법적 종북좌파 세력의 득세로 국가적 무질서가 초래된 사실.

❷❻ "나는 공산당이 싫어요"라고 말하여 공비에게 참살된 반공소년 이

승복 이야기(노동운동을 하다가 분신자살한 전태일의 이야기는 집중 소개).

㉗ 건국의 초석, 호국의 간성, 근대화의 견인차, 민주화의 울타리 역할을 해온 국군의 역사적 역할.

㉘ 민족의 활동공간을 세계로 넓힌 대한민국의 개방화·해양화의 역사적 의미, 그리고 해양인의 분투(奮鬪).

㉙ 대한민국 발전에 기여한 종교의 역할.

㉚ 북한정권이 민족사의 정통성을 주장할 수 없는 이유.

8

교과서의 정치편향:
이승만 박정희 폄하, 김영삼 무시,
김대중 미화, 김정일 비호!

천재교육 고교 한국사 교과서: 박정희·김영삼 사진 각 1회, 김대중 사진 4회, 김정일 사진 3회. 박정희·김영삼 사진은 대통령이 되기 전 것.

❶ 천재교육의 2015년 판 고교 한국사 교과서는 역대 대통령 가운데 김대중에 대하여는 비판을 전혀 하지 않는다. 다른 모든 대통령들에게는 비판이 있으나 김대중은 무결점으로 처리, 성인(聖人)처럼 그렸다. 이런 식이다.

〈1998년 출범한 김대중 정부가 햇볕 정책이란 이름의 대북 포용 정책을 적극 추진하면서 남북 관계는 새로운 국면이 조성되었다. 2000년 평양에서는 분단 이후 처음으로 남북 정상 회담이 열려 6·15 남북 공동 선언이 발표되었다. 이후 남북한은 이산가족 상봉, 비료와 식량 지원, 철도 연결, 개성 공업 특구 조성, 남북한 공동 체육 행사를 실현에 옮기면서 교류와 협력을 빠른 속도로 확대하였다. 이러한 대북 포용 정책은 노무현 정부가 들어선 이후에도 이어졌으며, 2007년 두 번째 남북 정상 회담이 성사되었다.〉

천재교육 교과서의 대조적 사진 게재(박정희와 김대중 비교)

❷ 김대중 대북(對北)정책의 부정적인 면을 완벽하게 은폐한 편파적 기술(記述)이다. 교과서는, 김대중 정권이, 김정일과 만나기 위하여 현대그룹을 앞세우고 국정원을 시켜 김정일의 해외 비자금 계좌 등으로 4억5000만 달러를 불법 송금한 사건을 누락시켰다. 북한군이 2002년 6월29일 서해에서 참수리호를 격침시켜 6명의 한국 해군 장병을 죽인 일, 당시 국방부가 사전에 도발 정보를 알고도 묵살한 사실도 쓰지 않았다. 비전향 장기수는 모두 북송시켜주면서 납북자와 국군포로는 한 사람도 송환 받지 못하였는데도 '교류와 협력이 빠른 속도로 확대되었다'고 왜곡하였다.

❸ 천재교육 교과서는 사진 배치에서도 김대중을 일방적으로 미화하였다. 이승만 사진은 두 번, 박정희 사진은 한 번 실렸다. 박정희 사진은 검은 안경을 끼고 군복을 입은 사진을 싣고 머리에 원을 둘러 수배자나 표적처럼 변조하였다. 김대중 사진은 네 번 나오고 세 장은 웃는 사진을 골라 실었다. 대통령 시절의 박정희 사진은 한 장도 없는데 김대중 사진은 석 장이 대통령으로서 찍은 것이다.

❹ 김대중 부인 이희호 씨 사진도 두 번 실렸다. 김영삼(金泳三) 사진은 한 번(그것도 김대중과 같이 찍은 것)인데, 그것도 대통령 사진이 아니다. 이희호 씨의 시위 사진은 싣고 1980년대 민주화 운동의 물꼬를 튼 김영삼의 23일 단식(斷食) 사진은 없다.

❺ 공산 전체주의 독재자 김정일 사진은 세 번 실렸다. 두 장은 환하게 웃는 사진이다. 이 교과서의 사진 편집은 김영삼과 박정희를 김정일보다도 낮게 평가하고 있다는 인상을 준다. 금성출판 교과서의 경우는 김영삼 대통령 사진이 없고, 이승만 박정희는 각 1회이지만 김대중 노무현 김일성 김정일 김구는 각 2회이다.

❻ 천재교육 교과서는 박정희 정부에 대하여 '탄압하였다'는 표현을 다섯 번 했지만 김일성-김정일-김정은 정권에 대하여는 한 번도 '탄압'이라는 말을 쓰지 않았다.

❼ 교학사를 뺀 다른 교과서도 글과 사진에서 이승만 박정희 폄하, 김대중 미화, 김일성 일가(一家) 비호에 적극적인 점에서는 거의 같다. 계급투쟁론에 기초한 좌경적 역사관으로 집필된 교과서로서는 북한정권에 우호적이었던 대통령일수록 미화하고 엄정하였던 대통령일수록 폄하하는 게 자연스럽기도 하다. 교과서 개혁의 핵심 쟁점은 '북한 전체주의 독재자를 위한 교과서냐, 자유 대한을 위한 교과서냐'이다.

9

국군(國軍)은 입이 없나?
國軍을 주적(主敵)으로 몰고
반역자를 감싸는 이적(利敵) 교과서에
국방부가 침묵해도 되나?

국군은 건국의 초석(礎石), 호국의 간성(干城), 산업화의 기관차, 민주화의 울타리 역할을 수행하였으며 앞으로 자유통일과 일류국가 건설을 무력(武力)으로 뒷받침할 것이다. 국방부는 헌법과 사실과 공정성을 기준으로 역사교과서를 분석, 문제점과 시정(是正)방안을 제시, 생명을 바친 선배들의 명예를 회복시켜야 할 것이다.

❶ 주적(主敵): 고등학교에서 사용되는 한국사 교과서의 90% 이상은 反대한민국 성향의 좌편향 교과서이므로, 민족반역자 김일성을 미화하고 비호하기 위하여 이승만(李承晩)과 국군(國軍)을 주적(主敵)으로 삼고 있다.

❷ '무장반란'을 '무장봉기'로: 공산주의자들이 주동한 제주 4·3 사건 및 여순 14연대의 '무장반란'을 '무장봉기'라고 미화하고 진압에 임한 국군을 '토벌대'라고 비하하였다(천재교육 교과서 등).

❸ 국군의 긍정적 역할 무시: 70년간의 한국 현대사에서 국군이 국가 발전을 위하여 한 결정적 역할을 완전히 무시하고 국민 탄압 기관처럼 묘사, 적개심을 불러일으킨다. 국군은 건국의 초석(礎石), 호국의 간성(干城), 산업화의 기관차, 민주화의 울타리 역할을 수행하였으며 앞으로 자유통일과 일류국가 건설을 무력(武力)으로 뒷받침할 것이다.

1968년 1월21일 김일성의 청와대 기습 지령을 받고 휴전선을 넘어 서울에 침투한 북한 무장공비 중 유일하게 생포된 김신조.

❹ 공산군의 학살은 은폐: 미래엔 교과서는 반란군에 의한 학살은 언급도 하지 않은 채, 〈제주 4·3 사건과 여수·순천 사건을 진압하는 과정에서 국가 공권력에 의한 대규모 민간인 학살〉이 일어났다고만 썼다. 일부 교과서는, 일부 교과서는 확증(確證)도 없이, 국군이 한국전과 월남전에서 학살을 자행하였다는 기술(記述)을 하면서 북한군과 월맹군의 학살은 은폐, 축소, 비호하였다.

❺ 다부동 묵살과 보천보 과장: 대한민국을 살린 낙동강 전선의 다부동 전투는 다루지 않고 북한정권이 김일성 우상화에 이용하는 '보천보 습격 사건'을 '보천보 전투'라고 과장, 일제히 실었다. 1940년 김일성이 연해주로 피신, 소련군 88여단 장교가 된 이후엔 항일투쟁을 한 적

이 없음에도, '연해주에서 항일 유격대를 이끌었다'는 역사 날조에 동조하였다(동아출판 교과서). 그러면서 기습을 당하고도 영웅적으로 버티어낸 국군 6사단 등의 용전(勇戰)에 대한 언급은 한 마디도 없다. 노동운동가는 크게 소개하고 호국 영웅은 철저히 무시하였다. 한국전에서 국군이 몇 명이나 전사(戰死)하였는지 통계조차 싣지 않았다.

❻ 反軍의식화: 광주사태 진압군이 시위대를 때리는 사진은 실으면서 북한군의 수많은 학살 사진은 한 장도 싣지 않아 반군(反軍) 의식을 조장한다.

❼ 북한군 도발 은폐: 북한군이 국군을 상대로 벌인 도발은 축소 왜곡하였다. 1·21 청와대 습격사건, 울진·삼척 공비 침투사건, 강릉 무장공비 상륙사건, 참수리호 격침 서해교전, 천안함 폭침, 연평도 포격 등 북한의 대남(對南) 군사도발에 대하여는 거의 묵살하거나 누가 가해자인지를 흐리기도 하였다. 6·25 남침 직전에 빈발하였던 38도선 상의 對南도발을 '무장충돌'이라고 적어 김일성의 책임을 희석시켰다.

❽ 미군 무시: 국군의 동맹군이었던 미군의 결정적 도움은 무시하고, 북한군의 동맹군이었던 중공군의 침략행위는 비호하는가 하면 '남침을 감행하였다'는 표현까지 있다.

❾ 개악(改惡): 2011년, 김관진 당시 국방장관은 새로 나온 6종의 고교 검인정 한국사 교과서를 분석, '이런 교과서로 배운 젊은이들이 군대에 들어오면 누구와 왜 싸워야 하는지를 모르게 되어 전력(戰力)에 차질이 생긴다'면서 시정을 요구하였으나 2014년 판 8종의 교과서에선 反국군 성향이 더 악화되었다.

북한에 들어온 소련군은 인민 위원회의 자치를 인정하는 간접 통치 방식을 취하였다. 좌익이 인민 위원회에서 주도권을 잡고 있었기 때문이다. 소련군 사령부는 여러 방법으로 좌익이 실권을 장악할 수 있게 뒷받침하였다. 특히 제2차 세계 대전 막바지에 소련 연해주를 중심으로 항일 유격대를 이끌고 있던 김일성을 후원하였다.

동아출판 교과서 267페이지는 김일성이 항일투쟁을 한 적이 없음에도 '연해주에서 항일 유격대를 이끌었다'고 기술했다.

❿ 안보문제: 국군을 모함하고 敵을 감싸는 좌편향 교과서의 존재는 심각한 안보(安保) 위해 요인이다. 국방부는 헌법과 사실과 공정성을 기준으로 역사교과서를 분석, 문제점을 국민들에게 보고하고 시정(是正) 방안을 제시하라! 대한민국 국군은 변명도 미화도 필요 없다. 있는 그대로 사실대로 쓰기만 하면 된다. 세계적 성공사례인 대한민국의 발전에 끼친 국군의 긍정적 역할을 무시한 교과서를 방치하는 것은 생명을 바친 선배 군인들에 대한 모독이다. 국군도 입이 있다.

10

'북한교과서 표절 의혹'의 증거를 잡았다! 국가적 진상 조사를 촉구한다!

북한교과서 내용과 똑같이, 대한민국 국민들이 김일성 정권 수립을 위한 최고 인민 회의 대의원 선거에 투표하였다고 날조한 동아출판의 한국사 교과서 관련자, 이 책을 검인정 과정에서 합격시켜준 국사편찬위원회의 책임자, 그리고 여태까지 이 반역적 날조를 묵인하고 있는 교육부에 대한 조사, 감사, 수사, 청문회 등 국가적 진상 조사를 촉구한다.

〈국민행동본부〉

❶ 지금 고등학교에서 사용되는 동아출판의 한국사 교과서 273페이지는 대한민국 국민들이 김일성 정권 수립을 위한 선거에 참여하였다는 새빨간 역사날조를 하고 있습니다.

〈북한은 남한에서 총선거가 실시되자 (중략) 남북 인구 비례에 따라 최고 인민 회의 대의원을 뽑는 선거를 실시하였다. 북한과 남한에서 선거로 뽑힌 대의원들은 1948년 9월 최고 인민 회의를 열어 헌법을 만들고, 김일성을 수상으로 선출, 내각을 구성하고, 조선 민주주의 인민 공화국 수립을 선포하였다.〉

❷ 한국 유권자들이 김일성 정권 수립을 위하여 투표하였다는 황당무계한 역사 날조의 목적은 조국을 폄하하고, 反국가단체를 고무 찬양하기 위한 것이라고밖에 볼 수 없습니다. 즉, 학생들에게 대한민국은 남한만의 총선거로 수립되었지만 이른바 조선 민주주의 인민 공화국은 남

북한 인구 비례에 의한 선거를 통하여 수립되었으므로 더 정통성이 있다고 가르치기 위한 것이라고 의심합니다.

❸ 그런 의심을 강화시켜주는 증거가 있습니다. 지금 북한의 중학교 4학년이 배우는《혁명력사 1》의 173페이지.

〈북과 남의 전체 인민들은 최고인민회의 대의원선거에 한 사람 같이 떨쳐나섰다. 북반부에서는 자유로운 분위기속에서 선거가 성과적으로 진행되었다. 그러나 남반부에서는 미제와 그 앞잡이들의 가혹한 탄압으로 하여 비밀리에 서명을 하는 방법으로 먼저 인민대표들을 선출하였다. 선출된 인민대표들은 북반부에 넘어와 남조선인민대표자대회를 열고 최고인민회의 대의원들을 선거하였다. 위대한 수령 김일성 대원수님께서는 북남총선거가 끝나자 최고인민회의 제1차 회의를 여시고 조선민주주의인민공화국을 창건하시였다.〉

❹ 이는 동아출판 교과서가 북한교과서를 표절하였다는 의심을 정당화합니다. 北 측은 '북남 총선거'라고 했는데, 동아 측은 이를 '남북 인구 비례에 의한 선거'라고 표현하였습니다. 동아출판 교과서 필자들이 교육자로서 일말의 양심이라도 있었다면 북한교과서를 인용하였다는 주(注)라도 달았어야 합니다.

❺ 동아출판 측 필자들은 북한교과서의 날조를 더욱 심화(深化)시켰습니다. 북한교과서는, 남한에서는 '비밀리에 서명을 하는 방법'의 선거를 하였다고 자백하였습니다. 남로당원 등 좌익들끼리 숨어서 불법적이고 변칙적인 투표를 하였다는 것입니다. 하지만 동아출판 교과서는 〈남한에서의 최고 인민 회의 대의원 선거는 공개적으로 선출할 수 없었기

때문에 비밀리에 실시되었다〉고 적었습니다. 그런 행위는 선거일 수가 없는데도 '선거'라고 미화하고, 공산주의자들끼리의 불법 행위였음을 고의로 누락, 대한민국 정부가 정당한 선거를 탄압한 것 같은 인상을 심었습니다.

❻ 더 놀라운 사실이 있습니다. 작년에 분석가들에 의하여 동아출판 교과서의 역사 날조 사실이 여러 번 지적되었지만 올해도 시정되지 않았고, 교육부도 수정 지시를 내리지 않았습니다.

❼ 우리는 이 반역적 사건에 대한 국가적 진상 조사를 촉구합니다. 북한교과서와 같은 기술로 대한민국 국민들이 김일성 정권 수립을 위한 최고 인민 회의 대의원 선거에 투표하였다고 날조한 동아출판의 한국사 교과서 관련자, 이 책을 검인정 과정에서 합격시켜준 국사편찬위원회의 책임자, 그리고 여태까지 이 반역적 날조를 묵인하고 있는 교육부에 대한 조사, 감사, 수사, 청문회 등 국가적 응징이 있어야 합니다. 북한정권을 고무 찬양한 전단지를 돌려도 국가보안법 위반으로 처벌 받는데, 교과서를 불온문서로 만들어 수많은 학생들에게 反대한민국적 거짓말을 가르치는 사람들을 처벌할 수 없다면 나라도 아닙니다.

4 자료편

① 동아출판사 한국사 교과서는 누가 썼나?

집필진(7명) 가운데 5명이 일선교사. 이들 중 3명이 전교조 출신.

金泌材(조갑제닷컴 기자)

② 동아출판사 한국사 교과서의 現代史 부분 왜곡 사례 분석

대한민국의 건국과 발전은 폄훼하고 북한 정권은 감싸고 도는 좌파 교과서.

丁慶姬(영산대 교수)

1

동아출판사 한국사 교과서는
누가 썼나?

동아출판 발행《고등학교 한국사 교과서》교사출신 필진(소속 단체는 2013년 10월 기준)

집필자	소속학교	학력	소속 단체 및 활동
정행렬	도봉고 교사	동국대 역사교육과 성균관대 유학대학원	전교조
박중현	양재고 교사	공주사대 역사교육과 공주사대 대학원	전교조 · 전역모
박범희	중앙고 교사	서울대 동양사학과 교원대 대학원	전교조 · 전역모
이인석	문정고 교사	서울대 역사교육과 성균관대 유학대학원	전역모, 제7차 금성출판 발행 《한국 근현대사》필진
임행만	세종고 교사	고려대 역사교육과 고려대 대학원	정행렬 · 박중현 · 박범희와 함께 《내일을 읽는 토론학교: 역사》共著

현행 교육부 검인정 고교 한국사 교과서(8種) 가운데 동아출판(舊 두산동아)이 발행한 역사 교과서 집필진은 총 7명으로 이 가운데 2명

이 교수, 5명이 일선교사이다. 〈조갑제닷컴〉 확인결과 이들 5명의 교사 필진(筆陣) 가운데 4명의 교사가 속한 단체는 '전교조'와 '전국역사교사모임(전역모)'으로 나타났다.

구체적으로 ▲정행렬(전교조) ▲박중현(전교조·전역모) ▲박범희(전교조·전역모) 교사가 전교조 출신이고 ▲이인석 교사는 전역모 출신이었다. 이들 중 이인석 교사는 과거 교과서 파동으로 문제가 됐던 금성출판의 《한국 근·현대사》 집필에 참여했던 인물이다. 이들 교사출신 필진의 소속 단체 및 활동과 관련된 정보는 역사학자 정경희(前 아산정책연구소 초빙연구위원) 영산대 교수가 2013년 10월 발간한 《한국사 교과서 어떻게 편향되었나》에서도 교차 확인됐다.

전역모는 전교조의 전신(前身)인 '전국교사협의회' 출범(1987년) 이후인 1988년 '역사교육을위한교사모임'으로 창립되어 1991년 현재의 명칭으로 바뀌었다. 전역모는 현재 2000여 명(전국 중·고교 역사교사의 3분의 1에 해당)의 역사교사가 회원으로 참여하고 있는 거대 조직이다.

전역모는 그 동안 전교조와 함께 《살아있는 한국사 교과서》, 《살아있는 세계사 교과서》, 일본의 교원노조와 공동으로 韓日공동역사교과서인 《조선통신사》 등을 제작했다.

전역모는 2003년 3월28일 '한국전쟁전후 민간인학살 진상규명 범국민위원회'가 주도한 國軍의 이라크 파병 반대성명에 역사문제연구소, 민주화를위한전국교수협의회(민교협), 평화와통일을여는사람들(평통사) 등의 左派 단체와 함께 참여했다.

동아출판사·교육부·국사편찬위원회 발송 공문

〈조갑제닷컴〉은 2015년 12월4일 동아출판의 검인정 고등학교 한국사 교과서 273페이지(북한 정권의 수립 부분)에 기술된 내용과 관련해 동아출판사, 교육부, 국사편찬위원회에 아래와 같은 내용의 공문(전자메일/팩스)을 발송했다. 이들 정부기관과 출판사는 2015년 12월28일 현재까지 〈조갑제닷컴〉의 공문에 대해 답변하지 않았다. 〈주〉

===

일자: 2015. 12. 02

수신: 동아출판사

참조: 동아출판사/교과서 연구소(또는 담당부서)

발신: 조갑제닷컴

제목: 〈고등학교 한국사〉 교과서 내용과 관련하여

===

귀사의 무궁한 발전을 기원합니다.

■ 〈동아출판〉의 前身인 〈두산동아〉가 2013년 3월 발간한 《고등학교 한국사(저자 왕현종 外)》 교과서에는 북한 정권의 수립(273 페이지)과 관련하여 아래와 같이 기술되어 있습니다.

교과서 본문: 〈북한은 남한에서 총선거가 실시되자 곧바로 정부 수립에 나섰다. 8월25일에는 남북인구 비례에 따라 *최고인민회의 대의원을 뽑는 선거를 실시하였다. 북한과 남한에서 선거로 뽑힌 대의원들은 1948년 9월 최고인민회의를 열어 헌법을 만들고 김일성을 수상으로 선출하였다. 9월9일에는 내각을 구성하고, 조선민주주의인민공화국 수립을 선포하였다. *남한에서의 최고인민회의 대의원 선거: 남한에서는 공개적으로 선출할 수 없었기 때문에 비밀리에 실시되었다.〉

위 교과서 내용과 관련해 〈조갑제닷컴〉은 북한의 중학교 4학년 교과서 《혁명력사1》에서 아래와 같은 내용(172~174 페이지)을 확인하였습니다.

북한 교과서 原文: 〈위대한 수령님께서 내놓으신 방침은 북남 총선거를 실시하여 전체 조선인민의 의사를 대표하는 통일적 중앙정부인 조선민주주의인민공화국을 세우는 것이였다. 위대한 수령님께서는 미제와 반동들의 책동을 짓부시고 북남 총선거를 성과적으로 보장하도록 이끄시였다. 북과 남의 전체 인민들은 최고인민회의 대의원선거에 한 사람같이 떨쳐나섰다. 북반부에서는 자유로운 분위기 속에서 선거가 성과적으로 진행되였다. 그러나 남반부에서는 미제와 그 앞잡이들의 가혹한 탄압으로 하여 비밀리에 서명을 하는 방법으로 먼저 인민대표들을 선출하였다. 선출된 인민대표들은 북반부에 넘어와 남조선인민대표자대회를 열고 최고인민회의 대의원들을 선거하였다. 주체37(1948)년 8월 최고인민회의 대의원선거는 성과적으로 끝나게 되였다. 위대한 수령님께서는 주체37(1948)년 9월 9일 영광스러운 우리 조국, 조선민주주의인민공화국의 창건을 온 세상에 선포하시였다.〉

■ 귀사 발간의 〈고등학교 한국사〉 교과서 273 페이지에 기술된 내용은 북한 정권이 마치 남북한 전체 주민 투표에 의해 수립된 것처럼 묘사되어 있습니다. '북한과 남한에서 선거로 뽑힌 대의원들'이란 기술도 있습니다. 이는 곧 '북남총선거'로 최고인민회의가 구성되었다는 북한 교과서의 내용을 그대로 받아들인 것으로 볼 수밖에 없습니다.

■ 이와 관련해 아래와 같이 질문 드립니다.

질문 1: 교과서 내용이 역사적 사실과 부합하지 않다는 지적이 많았음에도 2015년 판에서 자체 수정을 하지 않은 이유는 무엇입니까?

질문 2: 교과서 제작 과정에서 위 내용과 관련해 북한 교과서를 참고 또는 인용했는지의 여부에 대해 답변해 주십시오.

질문 3: 질문2와 관련하여 북한 교과서를 인용했다면 각주 또는 미주를 통해 출처를 밝히지 않은 이유에 대해 답변해 주십시오.

질문 4: 귀사의 한국사 교과서는 〈남한에서의 최고인민회의 대의원 선거는 공개적으로 선출할 수 없었기 때문에 비밀리에 실시되었다〉고 했는데 그렇다면 '선거'로 볼 수 없는 것입니다. 그럼에도 왜 굳이 '선거'라고 학생들에게 가르쳐야 하는지 궁금합니다. 비밀리에 실시된 이유는 남로당원이나 좌익 등이 자기들끼리 불법적인 투표를 한 때문인데, 왜 이런 사실을 생략해 마치 대한민국 정부가 자유로운 선거를 탄압하였고, 이에 저항한 보통 유권자들이 비밀투표를 한 것처럼 오해를 부르는 기술을 하였는지 답변해주시기를 요청합니다.

질문 5: 혹시 문제의 기술이 사실이란 것을 증명하는 자료가 있으면 소개해 주시기 바랍니다.

＊ 답변은 2015년 12월9일까지 '전자메일' 또는 '팩스'로 해 주시면 감사하겠습니다.

===

일자: 2015. 12. 04

수신: 교육부

참조: 교육부/교과서정책과(또는 담당부서)

발신: 조갑제닷컴

제목: 동아출판(舊두산동아) 발간 〈고등학교 한국사〉 교과서 내용과 관련하여

===

교육부의 무궁한 발전을 기원합니다.

아래 사항을 읽어 보신 후 질문에 답해주시면 감사하겠습니다.

■ 〈동아출판〉의 前身인 〈두산동아〉가 발간한 현행 검인정《고등학교 한국사(저자 왕현종 外)》교과서에는 북한 정권의 수립(273 페이지)과 관련하여 아래와 같은 내용이 기술되어 있습니다.

교과서 본문: 〈북한은 남한에서 총선거가 실시되자 곧바로 정부 수립에 나섰다. 8월25일에는 남북인구 비례에 따라 *최고인민회의 대의원을 뽑는 선거를 실시하였다. 북한과 남한에서 선거로 뽑힌 대의원들은 1948년 9월 최고인민회의를 열어 헌법을 만들고 김일성을 수상으로 선출하였다. 9월9일에는 내각을 구성하고, 조선민주주의인민공화국 수립을 선포하였다. *남한에서의 최고인민회의 대의원 선거: 남한에서는 공개적으로 선출할 수 없었기 때문에 비밀리에 실시되었다.〉

위 교과서 내용과 관련해 〈조갑제닷컴〉은 북한의 중학교 4학년 교과서 《혁명력사1》에서 아래와 같은 내용(172~174 페이지)을 확인하였습니다.

북한 교과서 原文: 〈위대한 수령님께서 내놓으신 방침은 북남 총선거를 실시하여 전체 조선인민의 의사를 대표하는 통일적 중앙정부인 조선민주주의인민공화국을 세우는 것이었다. 위대한 수령님께서는 미제와 반동들의 책동을 짓부시고 북남 총선거를 성과적으로 보장하도록 이끄시였다. 북과 남의 전체 인민들은 최고인민회의 대의원선거에 한 사람같이 떨쳐나섰다. 북반부에서는 자유로운 분위기 속에서 선거가 성과적으로 진행되였다. 그러나 남반부에서는 미제와 그 앞잡이들의 가혹한 탄압으로 하여 비밀리에 서명을 하는 방법으로 먼저 인민대표들을 선출하였다. 선출된 인민대표들은 북반부에 넘어와 남조선인민대표자대회를 열고 최고인민회의 대의원들을 선거하였다. 주체37(1948)년 8월 최고인민회의 대의원선거는 성과적으로 끝나게 되였다. 위대한 수령님께서는 주체37(1948)년 9월 9일 영광스러운 우리 조국, 조선민주주의인민공화국의 창건을 온 세상에 선포하시였다.〉

■ 문제점: 동아출판(舊 두산동아)의 검인정 〈고등학교 한국사〉 교과서 273 페이지에 기술된 내용은 북한 정권이 마치 남북한 전체 주민 투표에 의해 수립된 것처럼 묘사되어 있습니다. '북한과 남한에서 선거로 뽑힌 대의원들'이란 기술도 있습니다. 이는 곧 '북남총선거'로 최고인민회의가 구성되었다는 북한 교과서의 내용을 그대로 받아들인 것으로 볼 수밖에 없습니다.

■ 이와 관련해 아래와 같이 질문 드립니다.

질문 1: 두산동아(現 동아출판) 발간의 〈고등학교 한국사〉 교과서의 내용(273 페이지)이 역사적 사실과 부합하지 않음에도 불구하고 검정합격이 결정됐는지에 대해 답변해 주십시오.

질문 2: 교육부는 그동안 여러 차례에 걸쳐 '고교 한국사 교과서 수정·보완 명령'을 했는데 이와 관련된 교육부 자료에서 위 내용과 관련해 수정·보완 명령이 없는 이유에 대해 답변해 주십시오.

질문 3: 두산동아(現 동아출판) 〈고등학교 한국사〉 교과서의 위 기술(273 페이지)이 사실이라 판단하고, 수정·보완을 명령하지 않았다면 이를 증명하는 '역사적 자료'가 있으면 소개해 주십시오.

질문 4: 기존의 검인정 한국사 교과서 관련 심의예산이 각각의 출판사에서 2000만 원씩 갹출해서 만들어졌다는 하우봉 前 검정심의위원장(전북대신문 2013년 9월28일자 인터뷰)의 인터뷰 내용이 사실입니까? (기사출처: http://www.cbnews.co.kr/news/articleView.

html?idxno=3924)

질문 5: 질문4와 관련하여 출판사에서 심의예산을 갹출하게 되면 심의과정에서 출판사와 교과서 저자들의 의도가 강하게 반영될 수밖에 없는 구조인데 교육부는 이를 왜 시정하지 않았습니까?

* 답변은 가능한 빠른 시일 내에 '전자메일' 또는 '팩스'로 해 주시면 감사하겠습니다.

==

일자: 2015. 12. 04
수신: 국사편찬위원회
참조: 국사편찬위원회/역사교과서편수실(또는 담당부서)
발신: 조갑제닷컴
제목: 동아출판(舊두산동아) 발간 〈고등학교 한국사〉 교과서 내용과 관련하여

==

국사편찬위원회의 무궁한 발전을 기원합니다.

아래 사항을 읽어 보신 후 질문에 답해주시면 감사하겠습니다.

■ 〈동아출판〉의 前身인 〈두산동아〉가 발간한 현행 검인정《고등학교 한국사(저자 왕현종 外)》 교과서에는 북한 정권의 수립(273 페이지)과 관련하여 아래와 같은 내용이 기술되어 있습니다.

교과서 본문: 〈북한은 남한에서 총선거가 실시되자 곧바로 정부 수립에 나섰다. 8월25일에는 남북인구 비례에 따라 *최고인민회의 대의원을 뽑는 선거를 실시하였다. 북한과 남한에서 선거로 뽑힌 대의원들은 1948년 9월 최고인민회의를 열어 헌법을 만들고 김일성을 수상으로 선출하였다. 9월9일에는 내각을 구성하고, 조선민주주의인민공화국 수립을 선포하였다. *남한에서의 최고인민회의 대의원 선거: 남한에서는 공개적으로 선출할 수 없었기 때문에 비밀리에 실시되었다.〉

위 교과서 내용과 관련해 〈조갑제닷컴〉은 북한의 중학교 4학년 교과서 《혁명력사1》에서 아래와 같은 내용(172~174 페이지)을 확인하였습니다.

북한 교과서 原文: 〈위대한 수령님께서 내놓으신 방침은 북남 총선거를 실시하여 전체 조선인민의 의사를 대표하는 통일적 중앙정부인 조선민주주의인민공화국을 세우는 것이였다. 위대한 수령님께서는 미제와 반동들의 책동을 짓부시고 북남 총선거를 성과적으로 보장하도록 이끄시였다. 북과 남의 전체 인민들은 최고인민회의 대의원선거에 한 사람같이 떨쳐나섰다. 북반부에서는 자유로운 분위기 속에서 선거가 성과적으로 진행되였다. 그러나 남반부에서는 미제와 그 앞잡이들의 가혹한 탄압으로 하여 비밀리에 서명을 하는 방법으로 먼저 인민대표들을 선출하였다. 선출된 인민대표들은 북반부에 넘어와 남조선인민대표자대회를 열고 최고인민회의 대의원들을 선거하였다. 주체37(1948)년 8월 최고인민회의 대의원선거는 성과적으로 끝나게 되였다. 위대한 수령님께서는 주체37(1948)년 9월 9일 영광스러운 우리 조국, 조선민주주의인민공화국의 창건을 온 세상에 선포하시였다.〉

■ 동아출판(舊 두산동아)의 검인정 〈고등학교 한국사〉 교과서 273 페이지에 기술된 내용은 북한 정권이 마치 남북한 전체 주민 투표에 의해 수립된 것처럼 묘사되어 있습니다. '북한과 남한에서 선거로 뽑힌 대의원들'이란 기술도 있습니다. 이는 곧 '북남총선거'로 최고인민회의가 구성되었다는 북한 교과서의 내용을 그대로 받아들인 것으로 볼 수밖에 없습니다.

■ 이와 관련해 아래와 같이 질문 드립니다.

질문 1: 두산동아(現 동아출판) 발간의 검인정 〈고등학교 한국사〉 교과서의 내용(273 페이지)이 역사적 사실과 부합하지 않음에도 불구하고 검정 합격이 결정됐는지에 대해 설명해 주십시오.

질문 2: 국사편찬위원회의 홈페이지 등에 게재된 〈고등학교 역사과 교과용도서 검정심사 수정·보완·심사〉 관련 자료에서 위 내용에 대한 수정·보완이 적시되어 있지 않은 이유에 대해 답변해 주십시오.

질문 3: 두산동아(現 동아출판) 발간의 〈고등학교 한국사〉 교과서의 위 기술이 사실이라 판단하고 수정·보완을 지시하지 않았다면, 이를 증명하는 역사적 자료가 있으면 소개해 주시기 바랍니다.

＊ 답변은 가능한 빠른 시일 내에 '전자메일' 또는 '팩스'로 해 주시면 감사하겠습니다.

2

두산동아(검인정 당시·현재는 동아출판) 한국사 교과서의 문제점

대한민국의 건국과 발전은 폄하하면서 북한정권은 감싸고도는 좌파 교과서

丁慶姬(現 영산대 교수)

2013년에 검정을 거친 한국사 교과서 8종 가운데 교학사 교과서를 제외한 나머지 7종은 상당수가 ▲대한민국의 건국을 정부 수립으로 격하 (格下)하고 ▲북한 체제에 무비판적으로 접근하며 ▲대한민국의 경제성장을 비롯한 발전과 번영은 외면하는 등, 논란이 될 만한 서술을 하고 있다.

특히 그 가운데 5종(금성, 두산동아, 비상교육, 천재교육, 미래엔)에는 기존의 '좌편향' 문제점, 즉 2002년에 검정을 거친 한국 근·현대사 교과서 6종 및 2010년에 검정을 거친 한국사 교과서 6종에서 드러났던 문제점들이 거의 그대로 남아 있다.

이들 교과서는 한 마디로 말해서 대한민국의 건국과 발전은 폄하하면서 북한정권은 감싸고도는 좌파 교과서로, 두산동아(검인정 당시·현재는 동아출판) 한국사 교과서는 이 가운데 하나이다.

두산동아 교과서는 2014년 1월10일을 기준으로 전국의 고등학교 1714교 중 69개교에서 채택되어, 현재로서는 7종 중 채택 학교 수가 가장 적다. 이 교과서는 2013년 10월21일 교육부가 발표한 수정·보완 권고 사항에서 '단순 사실 오류'가 아닌, '의도적인 기술'로 7종 가운데 가장 많은 지적을 받았다(조선일보 2013년 10월22일자 분석). 이것이 두산동아 교과서에 주목해야 하는 까닭이다.

두산동아 교과서의 특징은 다음의 몇 가지로 요약할 수 있다.

1. 노동자·농민의 폭력 투쟁만을 강조한다

이 교과서는 **노동자·농민**이 역사발전의 동력(動力)이라는 전제 아래 서술되어, 오로지 '폭력투쟁'만을 강조하는 경향이 있다. 아래 서술을 보자.

"일제가 탄압을 강화하자 농민과 노동자들은 사회주의 세력과 연대하고 혁명적 농민 조합과 혁명적 노동조합을 만들어 일제히 저항하였다. 이들은 '토지를 농민에게!', '노동자·농민의 정부를 수립하자!' 등의 급진적 구호를 내세우며 폭력투쟁을 불사하였다."(238)

일제시기부터 이미 이처럼 급진적 구호를 내세운 농민과 노동자들의 폭력투쟁이 있었다고 강조하는 이 교과서는, 3·1 운동도 마찬가지로 농민과 노동자들의 폭력투쟁이었다고 서술하고 있다.

"처음에는 학생과 종교인들이 시위를 주도하였으나 점차 노동자와 농민들이 주축이 되었다. … 이에 따라 비폭력 평화적 시위는 헌병 주재소 습격, 친일파 공격 등 적극적인 폭력투쟁으로 바뀌었다."(222)

• 유관순 열사(烈士)를 교과서에서 삭제

여태껏 학생과 종교인들이 주도한 평화적 시위로 해석하던 3·1 운동을 이 교과서는 **노동자·농민이 주축이 된 폭력투쟁**이라고 해석한다. 그리고 이러한 해석에 따라서 **노동자·농민도 아니요 적극적인 폭력투쟁**을 한 것도 아닌 유관순을 교과서에서 **빼버렸다.**

참고로 3·1 운동에 대한 이러한 해석은 북한 역사서와 매우 흡사하다. 계급투쟁(階級鬪爭) 사관(史觀)으로 점철된 북한 역사책에도 유관순은 나오지 않는다.

• 유관순 열사 대신 강주룡을 넣었다

이 교과서는 유관순 열사는 **빼버리면서** 무명(無名)의 여성노동자 강주룡은 크게 다루고 있다. 평양의 고무 공장 노동자 강주룡을 '역사 속 인물'이라는 항목에서 별도의 박스 기사로 소개하고 있는 것이다. 그 내용을 보면, 1931년 다른 여성 노동자들과 함께 아사동맹을 조직하고 파업을 벌이다 체포되어 옥중에서 단식 투쟁을 벌였던 강주룡을 "한국 최초의 여성 노동 운동가"로 평가하고, 사진까지 수록하고 있다(238).

강주룡에 대한 서술을 보면 이 교과서가 유관순 열사를 **빼버린** 이유가 분명해진다. 저들이 보기에 유관순 열사는 노동자도 아니요, 폭력투쟁도 하지 않았기 때문이다.

• '기억 공동체'인 국민을 해체(解體)시키는 교과서

이 교과서로 배운 학생들은 유관순 열사가 누구인지 모르게 될 것이다. 3·1 운동 하면 유관순 열사를 떠올리는 우리 세대와 달리, 우리 아이들은 일제 시기의 주요 인물로 강주룡을 떠올리게 될 것이다. 세대 차이뿐 아니라 역사 인식의 차이까지 생겨나게 된 것이다. 이는 오로지 계급투쟁만을 강조하는 좌편향 교과서가 어버이 세대와 자식 세대 간에 역사적 기억을 공유(共有)하지 못하도록 만들고 있기 때문이다. 지금껏 역사 교과서를 통해서 동일(同一)한 역사적 기억을 공유해 온 국민, 즉 '기억 공동체'로서의 국민은 이제 해체될 위기에 처해 있다.

2. 좌파 세력을 비호하는 친북 교과서

- 항일운동, 건국 등에서 공산주의 또는 사회주의 세력에 초점을 맞추어 기술하고 있다.
- 6·25 전쟁 관련 전쟁 책임, 민간인 희생, 전쟁 결과 등에 대해 친북 서술을 하고 있다.

전쟁 책임에 대한 서술을 예로 들면, 이 교과서는 6·25 전쟁 직전 38선을 경계로 잦은 충돌이 일어났다는 점을 강조해 전쟁의 원인이 남북한 모두에 있는 것처럼 서술하고 있다. 이는 수정주의(修正主義·revisionist) 서술의 전형으로서 학술적으로는 이미 폐기된 것이나 다름없다. 그런데도 이 교과서는 북한의 남침(南侵) 사실을 희석시키기 위해서 이러한 서술을 하고 있다.

- 거의 모든 항목에서 북한을 감싸고돌지만 두드러진 예를 들면 다음과 같다.

1) 보천보 전투 강조

: 북한이 '김일성의 역사적인 항일 무장 전투'라고 과대 선전하는 보천보 전투를 강조하는 서술을 해서 교육부로부터 삭제 권고를 받았으나, 삭제하지 않았다.

2) 북한의 토지 개혁 방식(무상몰수·무상분배)에 대한 그릇된 서술

: 북한의 토지 개혁에 대해 서술하면서 농민들에게 실질적으로 토지를 지급한 것이 아니라 경작권만 지급한 사실을 설명하지 않아 교육부로부터 수정 권고를 받았다. 그러나 두산동아 집필진은 수정·보완을 거부해 교육부로부터 다시 수정 명령을 받았다.

3) 북한 천리마 운동에 대한 무비판적 서술

: 천리마 운동에 대해 서술하면서, "천리마 운동으로 제1차 5개년 계획은 1년 앞당겨 목표를 달성하였다"(286)는 등, 무비판적으로 서술했다. 교육부가 천리마 운동의 한계에 대한 서술이 필요하다며 수정을 권고했으나, 이를 거부했다. 교육부가 다시 수정 명령을 내려서야 비로소 수정했다.

4) 북한의 3대 세습 / 독재체제에 대한 서술 없음(집필기준 위반)

: 이 교과서는 북한 3대 세습 체제에 대한 직접적 언급이 없는데, 이는 북한의 세습 체제를 서술하라는 집필기준을 어긴 것이다. 교육부는 북한 정치체제에 대한 정확한 이해를 위해 3대 세습 체제에 대한 직접 표현이 필요하다고 수정을 권고했다. 집필진은 "김정은이 권력을 이어받았다"를 "김정은이 **3대째** 권력을 이어받았다"로 고치긴 했으나, '세습'이라는 용어는 끝까지 쓰지 않았다.

5) 북한의 핵실험 사실 누락

: 이 교과서에는 북한이 실제로 핵실험을 했다는 내용이 없어, 교육
부가 '핵무기의 실험' 혹은 '핵실험'으로 표기하도록 수정을 권고했
다. 그러나 수정 후에도 북한이 실제로 핵실험을 했다는 내용은
여전히 없다. 교육부의 수정 권고를 제대로 수용하지 않은 것이다.

6) 북한의 군사도발 감싸기

: 이 교과서의 집필진은 북한이 한 도발에 대해서는 그 주체를 숨기
는 서술을 하고 있다. "게다가 금강산 사업 중단, 천안함 사건, 연
평도 포격 사건 등이 일어나 남북 관계는 경색되었다"(320)는 서술
이 좋은 예이다. 교육부는 천안함 등 도발 주체를 구체적으로 명
시하라고 수정을 권고했으나 집필진은 이를 거부했다. 결국 교육
부로부터 수정 명령을 받고서야 북한이 도발 주체임을 표기했다.

7) 북한 주체사상에 대한 무비판적 서술

: 두산동아 교과서는 북한 주민을 노예화하는 데 쓰인 주체사상을
설명하며 북한의 주장을 그대로 받아들일 수 있도록 서술하여 교
육부로부터 수정 권고를 받은 교과서 4종(금성, 두산동아, 비상,
천재) 가운데 하나다.

: 그런데 두산동아 교과서는 교육부의 수정 권고를 제대로 이행하
지 않아 수정 명령을 받았으며, 결과적으로는 그 수정 명령조차
무시했다.(상세한 내용은 162쪽《두산동아 한국사 교과서의 구체
적인 서술내용 및 문제점》표 참조)

: 금성출판사 한국사의 경우 "주체사상은 '사람 중심의 세계관이고

인민 대중의 자주성을 실현하기 위한 혁명 사상'"(407)이라는, 북한체제 선전용 자료에 나올 법한 내용이 그대로 교과서에 실려 있는데도 버젓이 검정을 통과했다.

8) 북한 주민의 인권 문제 누락(집필기준 위반)

: 북한 주민의 인권 문제에 관한 서술이 누락되어 있어 교육부는 한국사 교과서 집필기준에 따른 인권 문제 추가 서술을 권고했다.

• 북한을 감싸고도는 교과서

여기서 주목할 것은, 두산동아 교과서가 교육부의 수정 권고를 거부했다가 결국 교육부로부터 수정 명령을 받은 5건 가운데 4건이 북한과 관련된 서술이라는 점이다. 북한의 토지개혁(무상몰수·무상분배), 천리마 운동, 천안함 폭침 사건, 주체사상이 바로 그것이다. 이는 이 교과서가 교육부의 수정 권고를 거부하면서까지 북한을 감싸고도는 교과서임을 단적으로 보여준다.

• 두산동아 교과서의 대표적 친북·反대한민국 서술

이상의 친북 서술 외에도 교육부의 수정 권고 사항에서는 빠졌으나, 문제가 되는 서술은 여럿 있다. 그 가운데 가장 대표적인 서술은 다음과 같다.

"… 분단 체제가 고착화됨으로서 군대와 더불어 경찰, 정보 사찰 기관도 그 역할과 기구가 더욱 확대·강화되어 남북한 시민의 인권과 민주주의를 억압하는 요인이 되었다."(282)

전후(戰後) 군비경쟁 강화 등이 남북한의 인권과 민주주의를 억압하는 요인이 되었다는 두산동아의 이 서술은 남북한이 전혀 다른 정치적 경로를 밟은 역사적 사실을 도외시한 그릇된 서술이다.

- 먼저 북한에 대해서 살펴보면, 최악의 전체주의 정권으로 평가 받는 북한 정권 아래에서 민주주의와 인권을 운위(云謂)한다는 것 자체가 어불성설(語不成說)이다. 마치 북한 체제가 민주주의 체제인 것처럼 서술하고 있다는 점에서 이 서술은 괴이(怪異)하기까지 하다.

- 남한에 대해서 살펴보면, 인권과 민주주의의 보루인 군대와 경찰을 거꾸로 인권과 민주주의 억압 요인으로 규정하고 있다는 점에서 反체제적이요, 反국가적인 서술이라고 볼 수 있다.

3. 대한민국의 정통성을 폄훼하고 이승만, 박정희 정부를 비난한다

대한민국을 폄훼하고 역대 정부를 비난하는 서술로는 대한민국 정부 수립(정읍발언 등), 유엔총회의 대한민국 승인, 북한 정권 수립, 베트남 파병, 새마을 운동에 대한 서술 등이 대표적이다. 그 가운데 대한민국의 정통성을 폄훼하는 서술 사례를 두 가지만 들어보면 다음과 같다.

사례1 "… 북한은 남한에서 총선거가 실시되자 곧바로 정부 수립에 나섰다. 8월25일에는 남북 인구 비례에 따라 *최고 인민 회의 대의원을 뽑는 선거를 실시하였다. 북한과 남한에서 선거로 뽑힌 대의원들은 1948년 9월 최고 인민 회의를 열어 헌법을 만들고, 김일성을 수상으로 선출하였다. 9월 9일에는 내각을 구성하고, 조선 민주주의 인민 공화국 수립을 선포하였다.

***남한에서의 최고 인민 회의 대의원 선거** 남한에서는 공개적으로 선출할 수 없었기 때문에 비밀리에 실시되었다.″(273)

사례 2 "국제연합총회에서는 대한민국 정부를 선거가 가능하였던 한반도 내에서 유일한 합법정부로 승인하였다.″(273)

특히 사례 1의 경우, 대한민국의 제헌의회 의원을 선출하기 위해 실시된 5·10 총선거는 **"남한만의 총선거"**라고 두 차례나 폄하(269, 270)하면서, 북한의 최고 인민 회의 대의원 선거는 **남북한 전체에서 이루어진 선거**로 서술하고 있다. 이는 남한보다 북한에 우리 민족 국가의 정통성이 있다고 해석될 소지가 있다. 대한민국의 정통성을 부정하는 것으로 해석될 수 있는 서술인 것이다.

4. 反美·親蘇·親中 서술로 일관한다

38선 획정에 대한 서술, 미군정에 대한 평가, 한반도 문제의 유엔 이관, 6·25 전쟁 후 국제사회의 변화, 5·18과 반미(反美)운동에 대한 서술 등이 대표적이다. 6·25 전쟁 후 국제사회의 변화에 대한 서술을 예로 들어보자.

"…중국은 침략자로 몰려 국제적으로 고립되었지만, 미국의 공격을 막아냈다는 사실로 공산권에서 발언이 강화되었다.″(282)

미국이 유엔군의 일원으로 6·25 전쟁에 참전한 것을 두고, "미국의 공격"이라고 표현했다. 또한 중국이 이를 막아내 공산권 내에서 위상이 높아졌다고 쓰고 있으니, 이는 反美 서술인 동시에 親中 서술이라고 할 수 있다.

《두산동아 한국사 교과서의 구체적인 서술내용 및 문제점》

※ '수정' 항목은 최종 출판본의 수정 내용

안중근

서술 내용	• 1909년 10월 안중근은 만주 하얼빈에서 한국 침략의 원흉인 이토 히로부미를 사살하였다.(187)
서술의 문제점	• 안중근 의사를 단순히 '안중근'으로 호칭

유관순 삭제

서술 내용	• 처음에는 학생과 종교인들이 시위를 주도하였으나 점차 노동자와 농민들이 주축이 되었다. … 이에 따라 비폭력 평화적 시위는 헌병 주재소 습격, 친일파 공격 등 적극적인 폭력투쟁으로 바뀌었다.(222)
서술의 문제점	• 3·1 운동에서 유관순이 사라지고 없다. 이는 의도적으로 빼버린 것 • 3·1 운동을 노동자·농민이 주축이 되어 일으킨 운동인 동시에 폭력투쟁으로 해석하기 위한 것
비고	• 금성, 두산동아, 미래엔, 천재교육

항일 유격 전쟁

서술 내용	• '항일 유격 전쟁을 벌이다', '민족 연합 전선을 추진하다'(247~248)
서술의 문제점	• 사회주의 계열의 독립운동만을 강조하는 서술 • 항일 유격대 및 동북항일 연군(16줄)과 한국광복군(4줄) 서술 분량의 현격한 불균형

보천보 전투

서술 내용	• 북한이 '김일성의 역사적인 항일 무장 전투'라고 과대 선전하는 1937년의 보천보 전투를 두 차례 기술함 1. 조국 광복회는 국내의 민족주의자 및 공산주의자들과 손을 잡고 함경도 일대에도 조직을 확대하고, 보천보 전투 등 국내 진공 작전을 여러 차례 단행하였다.(247) 2. 보천보 전투를 별도 박스로 돋보이게 배치한 뒤 "보천보 전투는 당시 국내 신문에도 크게 보도되었고, 이 작전을 성공시킨 김일성의 이름도 국내에 알려지게 되었다"고 서술(247)
서술의 문제점	• 김일성과 관련이 있는 것으로 주장되는 조국광복회와 보천보 습격의 두 항목은 대한민국 교과서에 실릴 필요가 없는 것들임. 이른바 조국 광복회의 실체에 대해서는 논란이 있고, 보천보 습격은 크게 과장되어 있음

비고	• 김일성 우상화 등에 사용된 보천보 전투를 서술했기에 삭제 권고를 받음 [금성, 두산, 미래엔, 비상, 천재교육] • 금성, 미래엔, 천재교육은 거부
수정	1. 조국 광복회는 국내의 민족주의자 및 공산주의자들과 손을 잡고 함경도 일대에도 조직을 확대하고, 보천보 전투 등 국내 진공 작전을 여러 차례 단행하였다.(247) 2. 보천보 전투를 별도 박스로 돋보이게 배치한 뒤 "보천보 전투는 당시 국내 신문에도 크게 보도되었고, 이 작전을 성공시킨 김일성의 이름도 국내에 알려지게 되었다. … *한편, 북한은 이 사건을 김일성 우상화에 이용하였다*"고 서술(247)
수정의 문제점	• 보천보 전투를 서술했기에 삭제 권고를 받았으나, 삭제하지 않고 "한편, 북한은 이 사건을 김일성 우상화에 이용하였다"는 한 문장만 추가함

오바마 대통령 취임연도

서술 내용	• [연표] 2006 미국, 오바마 대통령 취임(261)
서술의 문제점	• 연도표기 오류
비고	• 2009년으로 수정할 것
수정	• *2009* 미국, 오바마 대통령 취임
수정의 문제점	• 단순교정

38선 획정

서술 내용	• 예상보다 훨씬 빨리 한반도 북부로 들어온 소련군은 38도선에서 진격을 멈추었다. 미국이 제안한 한반도 분할 점령에 동의하였기 때문이다. 소련은 일본과 동유럽 지역에 대한 영향력 강화를 노리고 이를 받아들였다.(264)
비고	• 분단의 궁극적 책임은 공산주의자들의 적화 야욕 때문인데, 나머지 7종 교과서는 이를 정확하게 서술하지 않고 있음
서술의 문제점	• 소련의 태평양 전쟁 참전은 처음부터 한반도와 만주에서 소련의 권리를 확보하기 위한 것 • 두산동아 교과서는 소련의 제국주의적 의도를 단순히 '영향력 강화'를 노린 것이라고 완화시켜 표현함

신탁통치

서술 내용	• … 모스크바 3국 외상 회의 결과가 한국에 처음 알려졌을 때, 이러한 전체적인 내용이 아니라 '신탁 통치 결정'만 부각되었다.

	• 우익은 이를 이용하여 신탁 통치 반대 운동을 반소·반공 운동으로 몰아가며 세력을 확대하였다.
	• 좌익은 임시 정부 수립이 중요하다고 주장하면서 모스크바 3국 외상 회의 결정을 총체적으로 지지하였다.(268)
서술의 문제점	• '반탁 : 찬탁'으로 설명하지 않음('신탁 통치 반대 : 모스크바 3국 외상 회의 결정 총체적 지지')
	• 우익에 대한 비난조 서술
	• 좌익이 소련의 지령을 받고 하루아침에 찬탁으로 돌아선 사실을 기술하지 않음
	→ 친 좌파 서술의 대표적 사례

정부 수립 과정

서술 내용	• 1946년 미국과 소련은 미·소 공동 위원회를 개최하였다.(269)
서술의 문제점	• 광복 이후 정부 수립 과정을 미소공동위원회 개최→이승만의 정읍 발언→(김구·김규식의) 남북협상 추진→5·10 총선거 순으로 배치하여 남북 분단의 책임이 남한에 있는 것으로 서술
비고	• 7종 모두 자체수정안에서 교육부 권고대로 수정함
수정	• *1946년 2월 북한에서 북조선 임시 인민 위원회가 수립된 뒤 3월에 미·소 공동 위원회가 열렸다.(269)*
수정의 문제점	• 교육부 권고대로 수정

한반도 문제의 유엔 이관

서술 내용	• 1947년 제2차 미·소 공동 위원회마저 결렬되자 미국은 한반도 문제를 국제연합에 넘겼다. 미국은 자신들의 영향력 아래 있는 국제 연합을 통해 한국 문제를 유리하게 해결하려 하였다. 소련은 이에 맞서 미·소 양군의 철수와 한국민이 스스로 해결해야 한다고 주장하였다.(269)
서술의 문제점	• 미소공위가 소련의 억지 주장으로 결렬된 사실을 제대로 서술하지 않음
	• 당시 유엔이 미국의 영향력 아래 있었다는 근거 없는 서술을 함
	→ 친소·반미 서술

5·10 선거 폄하

서술 내용	• '남한만의 총선거'(269, 270)
서술의 문제점	• 5·10 선거를 '남한만의 총선거'로 두 차례 폄하

유엔 총회의 대한민국 승인

서술 내용	• 대한민국 정부가 출범하다

	같은 해 12월12일 국제 연합 총회에서는 대한민국 정부를 선거가 가능하였던 한반도 내에서 유일한 합법 정부로 승인하였다.(273)
서술의 문제점	• '선거가 가능하였던 한반도 내에서 유일한 합법 정부'라는 표현은 대한민국의 정통성을 훼손하는 서술
비고	• 1948년 12월의 유엔 총회가 대한민국을 '한반도의 유일한 합법 정부'로 승인했다는 사실을 유의하라는 '고등학교 역사 교과서 집필 기준' 위배 • 자체수정안에서 교육부 권고대로 수정함
수정	• 같은 해 12월12일 국제 연합 총회에서는 대한민국 정부를 *유엔 감시 아래 실시된 선거로* 한반도 내에서 유일한 합법 정부로 승인하였다.(273)
수정의 문제점	• 문제가 된 '선거가 가능하였던'이라는 구절은 뺐으나, 대신에 '유엔 감시 아래 실시된 선거로'라는 구절을 새로 넣었음. 그 결과, 수정된 내용도 대한민국이 국제적으로 승인된 정통성을 지녔음을 설명하는 데 여전히 인색함

북한 정부 수립

서술 내용	• **북한, 정부를 수립하다** … 북한은 남한에서 총선거가 실시되자 곧바로 정부 수립에 나섰다. 8월25일에는 남북 인구 비례에 따라 최고 인민 회의 대의원을 뽑는 선거를 실시하였다. 북한과 남한에서 선거로 뽑힌 대의원들은 1948년 9월 최고 인민 회의를 열어 헌법을 만들고, 김일성을 수상으로 선출하였다. 9월9일에는 내각을 구성하고, 조선 민주주의 인민 공화국 수립을 선포하였다.(273)
서술의 문제점	• 이 교과서만 보면 마치 북한이 남북한 인구비례에 따른 정상적인 선거를 통해 합법적으로 수립된 국가인 것처럼 서술. 그러나 그것이 이른바 '흑백 투표함'에 의한 찬반 공개 투표이고, 남한 지역 투표에서 과장과 날조가 많았다는 사실은 전혀 언급하지 않고 있다. • 대한민국의 정통성을 훼손하는 서술

북한의 토지개혁/친일파 처벌

서술 내용	• **북한, 정부를 수립하다** 1946년 2월에 북한에서는 … 북조선 임시 인민 위원회가 수립되었다. 이 위원회는 사실상 정부 구실을 하여 무상몰수·무상분배의 토지 개혁을 단행하고, 친일파를 처벌하면서 대중적 지지를 얻었다.(273)
서술의 문제점	• 북한의 토지 개혁에 대해 서술하면서 농민들에게 실질적으로 토지를 지급한 것이 아니라 경작권만 지급한 사실을 설명하지 않음 • 북한 지도부에 친일 인사가 다수 포함됐다는 사실을 외면하고 있음 • 전체적으로 북조선 임시인민위원회를 긍정적으로 서술하여 북한 사회에 대

	해 긍정적으로 인식하게 할 수 있는 오해의 소지가 있음
비고	• 금성, 두산, 리베르, 미래엔, 비상, 천재는 토지 개혁에 대한 교육부의 수정 권고를 받음 • 북한의 토지개혁을 무상몰수·무상분배로 설명한 것에 대한 수정·보완을 거부해 수정 명령을 받은 출판사는 금성·두산동아·비상교육·천재교육 4곳. 수정심의회는 이들 출판사에 북한의 토지개혁 당시 농민이 분배받은 토지의 소유권에 제한이 따랐다는 것을 설명할 필요가 있다며 다시 수정을 명령함
수정	• 1946년 2월에 북한에서는 … 북조선 임시 인민 위원회가 수립되었다. 이 위원회에서는 사실상 정부 구실을 하여 무상 몰수·무상 분배의 *토지 개혁을 단행하고, *산업을 국유화하였으며* 친일파를 처벌하였다. ***북한의 토지 개혁** 북한의 토지 개혁의 경우, 분배된 토지에 대해서는 매매·소작·저당이 금지되었으며, 1958년에는 집단 농장화가 이루어졌다.*
수정의 문제점	• 북한의 토지 개혁 당시 농민이 분배받은 토지의 소유권에 제한이 있었음을 서술할 필요가 있다는 교육부의 수정 명령에 해당되는 두 건(273, 276) 가운데, 273 페이지는 본문에서가 아니라 본문 옆의 주석 형식으로 처리함

이승만 소속 표기 않음

서술 내용	• '자료로 보는 역사' 초대 내각, 거국 내각을 구성하다(273)
서술의 문제점	• 내각명단에서 이승만 대통령의 소속만 기재하지 않고 비워 둠 • 고의적 누락인 듯
수정	• 소속란에 *대한 독립 촉성 국민회* 기재

미군정 평가

서술 내용	• 미군정도 경제 운영을 효과적으로 하지 못하였다. … 조선 총독부와 미군정이 지나치게 많은 화폐를 발행하고, 물자 부족이 겹치면서 물가는 크게 치솟았다.(275)
서술의 문제점	• 미군정에 대한 지나친 부정적 평가 • 광복 직후 남한 경제의 어려움이 오롯이 미군정의 탓인 양 서술함

농지 개혁

서술 내용	• **농지 개혁을 실시하다** 광복 당시 대다수 농민들은 농사를 짓는 사람들이 땅을 소유하는 원칙이 실현되기를 바라고 있었다. 1946년 3월 북한은 무상몰수, 무상분배 방식으로 토지 개혁을 단행하였다. 이에 자극을 받은 농민들은 북한과 같은 토지 개혁을 요구하였다. 미군정도 더 이상 토지 개혁 요구를 외면할 수 없게 되

	었다. … 마침내 1949년 제헌국회는 '경자유전'을 원칙으로 하는 농지 개혁법을 공포하였다. 농지 개혁 방식은 북한과 달리 '유상매수, 유상분배'였다.(276)
서술의 문제점	• 두산동아 교과서는 북한의 토지 개혁이 무상몰수·무상분배 방식이었다는 것을 본문에서 두 차례(273, 276), 탐구활동에서 한 차례(277), 총 세 차례 기술하고 있음 • 북한은 무상몰수·무상분배 방식이었고, 남한은 유상매수·유상분배였다고 기술하여 남북한의 차이를 최대한 극명하게 드러내려 함 • 농지 개혁을 주도한 이승만 대통령에 대한 언급이 없다. 오히려 북한의 토지 개혁에 자극 받은 농민들의 요구로 남한에서 어쩔 수 없이 농지 개혁이 이루어진 것으로 서술하고 있음
수정	• 광복 당시 대다수 농민들은 농사를 짓는 사람들이 땅을 소유하는 원칙이 실현되기를 바라고 있었다. 1946년 3월 북한은 무상몰수, 무상분배 방식으로 토지 개혁을 단행하였다. *분배된 토지는 법령에 따라 매매나 소작 또는 저당을 금지하였다.* 이에 자극을 받은 농민들은 *[북한과 같은→삭제됨]* 토지 개혁을 요구하였다. 미군정도 더 이상 토지 개혁 요구를 외면할 수 없게 되었다. … 마침내 1949년 제헌국회는 '경자유전'을 원칙으로 하는 농지 개혁법을 공포하였다. 농지 개혁 방식은 북한과 달리 '유상매수, 유상분배'였다.
수정의 문제점	• 북한의 토지 개혁 당시 농민이 분배받은 토지의 소유권에 제한이 있었음을 서술할 필요가 있다는 교육부의 수정 명령이 해당되는 두 건(273, 276) 가운데, 276페이지만 본문에서 이행함

남한 농지개혁법

서술 내용	• '생각하는 탐구활동' 남한의 농지개혁법(1950) (277)
서술의 문제점	• 연도표기 오류
비고	• 1949로 수정할 것
수정	• 남한의 농지 개혁법*(1949)*
수정의 문제점	• 단순교정

6·25 전쟁– 전쟁 책임

서술 내용	• **전쟁의 기운이 감돌다** … 38도선 일대에서는 하루가 멀다 하고 크고 작은 군사적 충돌이 일어났다. 남한에서는 남조선 노동당의 투쟁이 확대되고, 각지에서 빨치산 활동이 전개되고 있었다.(278)

- '자료로 보는 역사'

  38도선을 경계로 잦은 충돌이 일어나다

  [38선 침범 횟수를 나타낸 그림 수록]

  38도선이 그어지고 6·25 전쟁이 일어나기 이전 남북한 간에 많은 충돌이 있었다. … 옹진 지역에서만 이미 전사자가 6,000여 명을 넘었다. 이러한 상황에서 남북한은 서로 통일을 주장하였다.(278)
- 1950년 6월25일 새벽 북한군은 38도선 전역에서 전면적인 공격을 시작하였다. … 국제연합은 북한의 불법적인 남침을 침략행위로 규정하고 한국에 군사 지원을 결의하였다.(279)

서술의 문제점	• 6·25 전쟁 직전 38선을 경계로 잦은 충돌이 일어났다는 점을 강조해 전쟁의 원인이 남북한 모두에 있는 것처럼 서술. 이는 북한의 남침 사실을 희석시키기 위한 것 • 이러한 서술은 수정주의 서술의 전형으로 학술적으로는 이미 폐기된 것 • 뒤이어 "국제 연합은 북한의 불법적인 남침을 침략행위로 규정하고 한국에 군사 지원을 결의하였다."고 서술하기는 했으나 이는 6·25 전쟁의 개전에 있어서 북한의 불법남침을 명확히 밝히라는 집필기준을 준수하는 것처럼 보이기 위해 마련된 장치일 뿐이다.
비고	• 금성, 두산동아, 미래엔, 지학사, 천재교육

중국군의 개입

서술 내용	• 중국군의 참전(279, 281)
서술의 문제점	• 중국군의 '개입'을 '참전'으로 서술
	• 누가 우방이고 누가 적인지 구별 못하게 하려는 서술임

6·25 전쟁 – '학살'

서술 내용	• 전쟁 중에 양측 군대에 의한 민간인 학살도 일어났다.(282)
서술의 문제점	• '인민재판'이나 '납북' 같이 대한민국의 전쟁 피해를 나타내는 용어의 사용을 회피함 • 대신에 6·25 전쟁의 민간인 희생에 대해 '민간인 학살'이라는 용어를 사용하고 있음 • '학살'이라는 용어는 누가 가해자이며 누가 피해자인지 알 수 없는 표현으로써, 남한이 전쟁 피해자라는 사실을 희석시키기 위해 사용되고 있음

6·25 전쟁 후 국제사회 변화

서술 내용	• 미국은 6·25 전쟁을 계기로 소련을 비롯한 공산 세력을 막는다는 명목을 내세워 북대서양 조약 기구를 강화하고 국방 예산을 대폭 늘렸다. … 중국

은 침략자로 몰려 국제적으로 고립되었지만, 미국의 공격을 막아냈다는 사실로 공산권에서 발언이 강화되었다.(282)

서술의 문제점	• 미국이 유엔군의 일원으로 6·25 전쟁에 참전한 것을 두고, 이를 "미국의 공격"으로 표현함 • 반면에 중국은 이를 막아내 공산권 내에서 위상이 높아졌다고 서술하고 있음 　→ 반미(反美) 친중(親中) 서술

6·25 전쟁의 결과 – 인권, 민주주의 억압

서술 내용	• 6·25 전쟁이 끝난 후 … 남북한은 군사적 경쟁을 벌이며 상대의 위협을 자신들의 권력을 강화하는 수단으로 삼았다. … 분단 체제가 고착화됨으로써 군대와 더불어 경찰, 정보 사찰 기관도 그 역할과 기구가 더욱 확대·강화되어 남북한 시민의 인권과 민주주의를 억압하는 요인이 되었다.(282)
서술의 문제점	• 전후 군비경쟁 강화 등이 남북한의 인권과 민주주의를 억압하는 요인이 되었다는 서술은 남북한이 전혀 다른 정치적 경로를 밟은 역사적 사실을 도외시한 그릇된 서술임. 특히 북한과 같은 최악의 전체주의 정권 아래에서 민주주의와 인권을 운위(云謂)한다는 것은 어불성설(語不成說) 　→ 대표적인 친북·反대한민국 서술

6·25 전쟁 – 학도병의 편지

서술 내용	• '생각하는 탐구활동' • 이우근 학도병의 편지, 매일신문(2009.8.11) (283)
서술의 문제점	• 매일신문의 원문과 다름
수정	• 이우근 학도병의 편지, 매일신문(2007.6.4)
수정의 문제점	• 단순교정

미국 원조에 대한 평가

서술 내용	• 미국은 농산물 원조로 자국의 농산물 가격이 폭락하는 것을 막으려 하였다. … 필요 이상으로 들어온 농산물로 국내 곡물 가격이 하락하여 농촌 경제는 어려움에 빠졌다. 또한, 이승만 정부는 원조 자금으로 권력 기반을 강화하였고, 정경유착이라는 문제점을 남겼다.(284) • 북한의 전후 복구는 북한 주민의 적극적 참여와 함께 소련과 동유럽 국가들 및 중국의 원조에 큰 도움을 받아 이루어졌다.(286)
서술의 문제점	• 미국의 농산물 원조에 대한 근거 없는 악의적 왜곡 • 반면 공산국가들의 북한원조에 대해서는 아무런 평가 없이 서술하고 있음 　→ 반미 서술

천리마 운동

서술 내용	• 북한, 사회주의 경제를 건설하다 북한은 1957년부터는 새롭게 5개년 경제 계획을 실시하였다. 경제 재건을 사상 사업과 연결한 천리마 운동으로 제1차 5개년 계획은 1년 앞당겨 목표를 달성하였다.(286)
서술의 문제점	• 천리마 운동 서술과정에서 천리마 운동의 주민 생활 향상 실패, 산업 불균형 초래 등 그 한계점에 대한 서술을 하지 않았음
비고	• 천리마 운동의 한계에 대한 서술이 필요하다는 교육부의 수정 권고를 거부하자 교육부는 다시 천리마 운동의 문제점을 제시할 필요가 있다는 수정 명령을 내렸음
수정	• 북한, 사회주의 경제를 건설하다 북한은 1957년부터는 새롭게 5개년 경제 계획을 실시하였다. 경제 재건을 사상 사업과 연결한 천리마 운동으로 제1차 5개년 계획은 1년 앞당겨 목표를 달성하였다. *그러나 천리마 운동은 사상 의식에 호소하여 강제적으로 동원하였고, 주민 생활 향상에 기여하지 못하였다.*(286)
수정의 문제점	• 천리마 운동의 문제점을 제시할 필요가 있다는 교육부의 수정 명령을 받고서야 비로소 수정함

베트남 파병

서술 내용	• "박정희 정부는 … 자유 민주주의를 수호한다는 명분으로 베트남에 군대를 보냈다." • "… 베트남에 민간인 학살 등 많은 상처를 남기기도 하였다."(295)
서술의 문제점	• 베트남전 파병 한국군이 베트남 민간인을 학살했다거나 베트남인들에게 피해를 줬다는 불확실한 사실 서술 • 이는 박정희 정부에 대한 악의적 왜곡이자 폄하
비고	• 교육부는 양국의 미래 지향적 우호 협력 관계 등을 고려하여 '민간인 학살' 대신 '민간인 피해' 등과 같은 적절한 용어 사용을 권장 • 천재교육, 두산동아, 금성
수정	• "박정희 정부는 … 자유 민주주의를 수호한다는 명분으로 베트남에 군대를 보냈다." • "… 베트남에 *민간인 희생* 등 많은 상처를 남기기도 하였다."
수정의 문제점	• 베트남 '민간인 학살'을 '민간인 희생'으로 바꿈

자유민주주의

서술 내용	• Ⅵ단원 8장

	자유 민주주의가 발전하다(300~303)
서술의 문제점	• 제목뿐, 본문 내용에서는 '자유민주주의'에 대한 언급이 전혀 없음 • "민주주의를 짓밟고 부활한 군사 독재에 맞서서" 민주화를 이루어냈다는 내용만 서술하고 있음

5·18과 반미운동 연계

서술 내용	• 신군부는 5·18 민주화 운동을 진압하고 … 신군부의 병력 동원에 미국이 방조했다는 판단에서 반미운동이 일어나는 계기가 되기도 하였다.(300)
서술의 문제점	• 이는 자유민주주의 파괴세력인 주사파가 주도한 1980년대의 반미운동을 5·18과 연계시켜 정당화하는 서술임
비고	천재교육, 미래엔, 두산동아, 금성

대기업의 부정적 측면 부각

서술 내용	• 하지만 그 과정에서 정부와 대기업의 유착 관계는 심화되었다. • 저리 융자에 의존하여 기업을 확장하는 경영 방식은 한국 경제의 팽창을 촉진하였지만, 1997년 외환위기의 원인이 되기도 하였다.(305) • 그러나 급격한 자율화와 경제 개방은 무분별한 외화 도입, 대기업의 문어 발식 확장 등 문제점을 드러내어 1997년 외환위기를 맞기도 하였다.(306)
서술의 문제점	• 대기업을 정경유착, 외환위기를 가져온 장본인으로 지목한 부정적 서술이 대부분. 긍정적 측면 부족

새마을 운동에 대한 부정적 서술

서술 내용	• **농촌 사회, 어려움을 겪다** 1970년부터 근면·자조·협동 정신을 강조한 새마을 운동을 벌여 … 정부가 앞장서서 벌였기 때문에 근대화 물결에 희생되는 농민들의 권익에 대해서 는 적극적인 해결책을 제시하지 못하였다.(309)
서술의 문제점	• 농촌 소득증대 기여, 국민의식개혁 운동, 농촌 근대화의 기여, 다른 개발도 상국들에 미친 영향 등, 새마을 운동의 긍정적 영향에 대한 서술 누락. 새 마을 운동의 성과 및 영향과 문제점에 대한 균형적 서술 필요

농촌의 경제적 어려움 강조

서술 내용	• 새마을 운동이 진행되는 중에도 농촌의 어려움은 계속되었다. 이는 1970년 대에 이농현상이 계속되고 소작농이 크게 늘어난 것을 통해 짐작할 수 있 다.(309) • 1990년대 이후 농촌은 농촌 인구 감소와 노령화 문제는 물론 우루과이 라 운드와 자유무역협정(FTA)의 타결로 농축산물 수입이 개방되어 어려운 상 황에 처해 있다.(309)

	• '농민이 가난해질 수밖에 없는 이유를 써 보자'는 탐구활동 문제(313)
서술의 문제점	• 농촌의 경제적 어려움만을 되풀이해서 강조함

연도표기 오류

서술 내용	• 대중가요의 변천 소녀시대의 '소원을 말해봐'(2010) (311)
서술의 문제점	• 연도표기 오류(2009년 발매)
수정	• 소녀시대의 '소원을 말해봐'*(2009)*
수정의 문제점	• 단순교정

3대 '세습' '독재 체제' 용어 누락

서술 내용	• 우리식 사회주의를 강화하다 1980년에 북한은 김일성의 아들인 김정일 후계 체제를 공식화하였다. … 이러한 어려움 속에서 핵무기 개발 등 군사력 강화에 온 힘을 쏟던 김정일 이 2011년 12월 사망하고 아들 김정은이 권력을 이어받았다.(315)
서술의 문제점	• 북한 3대 세습 체제에 대한 직접적 언급 없음. '후계 체제', '권력을 이어받 았다'로 표현 • 이는 북한의 세습 체제를 서술하라는 집필기준을 어긴 것 • '독재 체제'도 마찬가지. 절의 제목만 '김정일, 독재 체제를 구축해 가다'로 마지못해 쓰고 있을 뿐, 본문에서는 북한 체제를 '김일성 중심의 유일사상 체계', '수령 중심의 강력한 통치 체제'로 서술함(314)
비고	• 북한 정치 체제에 대한 정확한 이해를 위해 3대 세습 체제에 대한 직접 표 현이 필요하다는 교육부의 수정 권고를 받음
수정	• 김정일, '우리식 사회주의'를 내세우다 1980년에 북한은 김일성의 아들인 김정일 후계 체제를 공식화하였다. … 이러한 어려움 속에서 핵무기 개발 등 군사력 강화에 온 힘을 쏟던 김정일 이 2011년 12월 사망하고 아들 김정은이 *3대째* 권력을 이어받았다.
수정의 문제점	• "김정은이 권력을 이어받았다"를 "김정은이 3대째 권력을 이어받았다"로 고침 • 결과적으로 '세습'이라는 용어를 사용하지 않음

주체사상

서술 내용	• 우리식 사회주의를 강화하다 … 이에 북한은 주체사상에 토대를 둔 '우리식 사회주의'를 강조하고 이를 뒷받침해주는 근본적인 힘으로 '조선 민족 제일 주의'를 내세웠다. 이는 세

	계정세의 변화에 따라 일어날지 모를 사회 동요를 막고, 북한 내부의 단합을 강화하기 위한 것이었다.(315)
서술의 문제점	• 북한 주민을 노예화하는 데 쓰인 주체사상을 설명하며 북한의 주장을 그대로 받아들일 수 있도록 서술함 • '우리식 사회주의를 강화하다'라는 제목 표현은 북한의 선전용 문구를 그대로 인용한 것으로 학생들에게 잘못된 인식을 심어줄 수 있어 적절한 제목으로 수정할 필요가 있음(민족주의 측면에서 북한과 주체사상을 이해할 소지가 있음)
비고	• 금성, 두산, 비상, 천재 • 금성출판사의 경우 "주체사상은 '사람 중심의 세계관이고 인민 대중의 자주성을 실현하기 위한 혁명 사상'"(407)이라는 북한 학계의 자료를 그대로 인용
수정	• *김정일, '우리식 사회주의'를 내세우다* … 이에 북한은 주체사상에 토대를 둔 '우리식 사회주의'를 강조하고 이를 뒷받침해주는 근본적인 힘으로 '조선 민족 제일 주의'를 내세웠다. 이는 세계정세의 변화에 따라 일어날지 모를 사회 동요를 막고, 북한 내부의 단합을 강화하기 위한 것이었다.(315)
수정의 문제점	• "우리식 사회주의를 강화하다"라는 제목을 적절한 제목으로 수정하라는 교육부의 수정 권고를 받고서도 제목을 "김정일, '우리식 사회주의'를 강화하다"로 바꾸는 데 그침 • 이에 교육부는 다시 수정 명령을 내리면서 제목을 "김정일, '우리식 사회주의'를 표방하다"로 수정하도록 예시함 • 그러나 최종본에서도 "김정일, '우리식 사회주의'를 내세우다"로 바꾸는 데 그침
비고	• 교육부의 수정 명령을 제대로 이행하지 않음

북한 주민의 인권/핵무기 실험

서술 내용	• 북한의 핵개발 시도, 장거리 미사일의 개발, 북한 내부의 인권 문제 등이 국제 사회의 쟁점이 되었다.(316) • 그러나 북한이 체제 유지를 위해 핵무기 개발을 추진하고 …(319)
서술의 문제점	• 북한주민의 인권 문제에 관한 서술 누락 • 북한의 핵실험 누락: "북한이 체제 유지를 위해 핵무기 개발을 추진하고"라고만 썼을 뿐 실제로 핵실험을 했다는 내용이 없음 • 북한의 핵무기 개발이 '체제 유지를 위한' 것이라는 서술도 북한의 변명 그대로를 옮겨놓는 데 불과함

비고	• 교육부는 한국사 교과서 집필기준에 따른 인권문제 추가 서술 권고(두산, 비상, 천재) • 교육부는 '핵무기의 실험' 혹은 '핵실험'으로 표기하도록 수정 권고함
수정	• *사상 통제, 정치범 수용소, 공개 처형 등 인권 문제로 국제 사회로부터 많은 비판을 받고 있다. 핵과 장거리 미사일 개발 등도 국제 사회의 쟁점이 되고 있다.*(316) • 그러나 북한이 체제 유지를 위해 핵무기 개발을 추진하고 …(319)
수정의 문제점	• 인권 문제를 일부 보충 • 북한이 실제로 핵실험을 했다는 내용이 여전히 없음('핵무기의 실험', '핵실험' 등으로 표기하라는 교육부의 수정 권고를 제대로 수용하지 않음) • 북한의 핵무기 개발이 '체제 유지를 위한' 것이라는 서술도 수정 않음

북한의 도발(천안함 폭침 등)

서술 내용	• **남북 정상 회담이 개최되다** 게다가 금강산 사업 중단, 천안함 사건, 연평도 포격 사건 등이 일어나 남북 관계는 경색되었다.(320)
서술의 문제점	• 두산동아 교과서는 북한이 한 도발에 대해서는 그 주체를 숨기는 서술을 하고 있음 • 이는 6·25 전쟁의 '학살'에 대한 서술과 마찬가지로 일부러 도발의 주체를 숨기는 서술 • 남북관계 경색의 책임이 북한의 일방적 도발에 있음에도 불구, 북한에 책임을 조금이라도 덜 지우기 위한 것으로 보임
비고	• 두산동아, 지학사 • 교육부는 천안함 폭침 사건을 누락시킨 다른 5종(금성, 리베르, 미래엔, 비상, 천재)에 대해 아무런 조치도 하지 않음 • 두산동아 교과서는 천안함 등 도발 주체를 구체적으로 명시하라는 교육부의 권고를 거부함
수정	• 게다가 *북한에 의해* 금강산 사업 중단, 천안함 *피격* 사건, 연평도 포격 사건 등이 일어나 남북 관계는 경색되었다.
수정의 문제점	• '천안함 사건'을 '천안함 피격 사건'으로 수정 • 북한이 도발의 주체임을 명시함
비고	• 결국 교육부로부터 수정 명령을 받고서야 북한이 도발 주체임을 표기함 • 그러나 수동태를 사용하여 약하게 표현함

증거를 잡았다!

북한교과서 표절사건 추적

저자 | 金光東 · 趙甲濟
펴낸이 | 趙甲濟
펴낸곳 | 조갑제닷컴
초판 1쇄 | 2015년 12월 21일

주소 | 서울 종로구 내수동 75 용비어천가 1423호
전화 | 02-722-9411~3
팩스 | 02-722-9414
이메일 | webmaster@chogabje.com
홈페이지 | chogabje.com

등록번호 | 2005년 12월 2일(제300-2005-202호)

ISBN 979-11-85701-31-8-03901

값 10,000원